ADEUS PROFESSOR, ADEUS PROFESSORA?

Novas exigências educacionais e profissão docente

Questões da Nossa Época

Volume 2

Dados Internacionais de Catalogação na Publicação (CIP)
(Câmara Brasileira do Livro , SP, Brasil)

Libâneo, José Carlos
Adeus professor, adeus professora? : novas exigências educacionais e profissão docente / José Carlos Libâneo. -- 13. ed. -- São Paulo : Cortez, 2011. -- (Coleção questões da nossa época ; v. 2)

ISBN 978-85-249-1594-9

1. Inovações educacionais - Avaliação 2. Prática de ensino 3. Professores - Brasil 4. Professores - Formação profissional I. Título. II. Título: Novas exigências educacionais e profissão docente. III. Série.

10-03287 CDD-370.71

Índices para catálogo sistemático:

1. Professores : Formação profissional : Educação 370.71

José Carlos Libâneo

ADEUS PROFESSOR, ADEUS PROFESSORA?

Novas exigências educacionais e profissão docente

13ª edição
5ª reimpressão

CORTEZ EDITORA

ADEUS PROFESSOR, ADEUS PROFESSORA?
Novas exigências educacionais e profissão docente
José Carlos Libâneo

Capa: aeroestúdio
Preparação de originais: Solange Martins
Revisão: Maria de Lourdes de Almeida
Composição: Linea Editora Ltda.
Coordenação editorial: Danilo A. Q. Morales

Direitos para esta edição
CORTEZ EDITORA
Rua Monte Alegre, 1074 — Perdizes
05014-001 — São Paulo - SP
Tel.: (11) 3864-0111 Fax: (11) 3864-4290
E-mail: cortez@cortezeditora.com.br
www.cortezeditora.com.br

Impresso no Brasil — **agosto de 2025**

Aos irmãos Libâneo: Teresa, Lúcia, João, Luís, Ana.

Como eu, o Carlos, cresceram na pobreza material e na riqueza cultural de nossos pais semianalfabetos e, de alguma forma, cada um a seu modo, transformaram-se em professores.

Sumário

Introdução

Os educadores são unânimes em reconhecer o impacto das atuais transformações econômicas, políticas, sociais e culturais na educação e no ensino, levando a uma reavaliação do papel da escola e dos professores. Entretanto, por mais que a escola básica seja afetada nas suas funções, na sua estrutura organizacional, nos seus conteúdos e métodos, ela mantém-se como instituição necessária à democratização da sociedade. Por isso, o tema da formação de professores assume no Brasil de hoje importância crucial, ainda que a questão de fundo continue sendo as políticas públicas e as efetivas condições de funcionamento das escolas públicas. Não há reforma educacional, não há proposta pedagógica sem professores, já que são os profissionais mais diretamente envolvidos com os processos e resultados da aprendizagem escolar.

A escola com que sonhamos é aquela que assegura a todos a formação cultural e científica para a vida pessoal, profissional e cidadã, possibilitando uma relação autônoma, crítica e construtiva com a cultura em suas várias manifestações: a cultura provida pela ciência, pela técnica, pela estética, pela ética, bem como pela cultura paralela (meios de comunicação de massa) e pela cultura cotidiana. E para quê? Para formar cidadãos participantes em todas as instâncias da vida social contemporânea, o que implica articular os objetivos convencionais da escola — transmissão-assimilação ativa dos conteúdos escolares, desenvolvimento do pensamento autônomo, crítico e criativo, formação de qualidades morais, atitudes, convicções — às exigências postas pela sociedade comunicacional, informática e globalizada: maior competência reflexiva, interação crítica com as mídias e multimídias, conjunção da escola com outros universos culturais, conhecimento e uso da informática, formação continuada (aprender a aprender), capacidade de diálogo e comunicação com os outros, reconhecimento das diferenças, solidariedade, qualidade de vida, preservação ambiental. Trata-se de conceber a escola de hoje como espaço de integração e síntese, como se proporá ao longo deste livro.

Poucos educadores discordam dessas tarefas da educação escolar. Com efeito, elas assumem uma importância crucial ante as transformações do mundo atual. Num mundo globalizado, transnacional, nossos alunos precisam estar preparados para uma leitura crítica das transformações que ocorrem em escala mundial. Num mundo de intensas transformações científicas e tecnológicas, precisam de uma formação geral sólida, capaz de ajudá-los na sua capacidade de pensar cientificamente, de colocar cientificamente os problemas humanos. Por outro lado, diante da crise de princípios e valores, resultante da deificação do mercado e da tecnologia, do pragmatismo moral ou relativismo ético, é preciso que a escola contribua para uma nova postura ético-valorativa de recolocar valores humanos fundamentais como a justiça, a solidariedade, a honestidade, o reconhecimento da diversidade e da diferença, o respeito à vida e aos direitos humanos básicos, como suportes de convicções democráticas. A par disso, a escola tem um grande papel no fortalecimento da sociedade civil, das entidades, das organizações e movimentos sociais. Ora, tudo o que esperamos da escola para os alunos são, também, exigências colocadas aos professores.

Não dizemos mais que a escola é a mola das transformações sociais. Não é, sozinha. As tarefas de construção de uma democracia econômica e política pertencem a várias esferas de atuação da sociedade, e a escola é apenas uma delas. Mas a escola tem um papel insubstituível quando se trata de preparação das novas gerações para enfrentamento das exigências postas pela sociedade moderna ou pós-industrial, como dizem outros. Por sua vez, o fortalecimento das lutas sociais, a conquista da cidadania, dependem de ampliar, cada vez mais, o número de pessoas que possam participar das decisões primordiais que dizem respeito aos seus interesses. A escola tem, pois, o compromisso de reduzir a distância entre a ciência cada vez mais complexa e a cultura de base produzida no cotidiano, e a provida pela escolarização. Junto a isso tem, também, o compromisso de ajudar os alunos a tornarem-se sujeitos pensantes, capazes de construir elementos categoriais de compreensão e apropriação crítica da realidade.

Diante dessas exigências, a escola precisa oferecer serviços de qualidade e um produto de qualidade, de modo que os alunos que passem por ela ganhem melhores e mais efetivas condições de exercício da liberdade política e intelectual. É este o desafio que se põe à educação escolar neste final de século.

Para isso, professores são necessários, sim. Todavia, novas exigências educacionais pedem às universidades e cursos de formação para o magistério um professor capaz de ajustar sua didática às novas realidades da sociedade, do conhecimento, do aluno, dos diversos universos culturais, dos meios de comunicação. O novo professor precisaria, no mínimo, de uma cultura geral mais ampliada, capacidade de aprender a aprender, competência para saber agir na sala de aula, habilidades comunicativas, domínio da linguagem informacional, saber usar meios de comunicação e articular as aulas com as mídias e multimídias.

Para isso, há muitas outras tarefas pela frente. É preciso resgatar a profissionalidade do professor, reconfigurar as características de sua profissão na busca da identidade profissional. É preciso fortalecer as lutas sindicais por salários dignos e condições de trabalho. É preciso, junto com isso, ampliar o leque de ação dos sindicatos envolvendo também a luta por uma formação de qualidade, de modo que a profissão ganhe mais credibilidade e dignidade profissional. Faz-se necessário, também, o intercâmbio entre formação inicial e formação continuada, de maneira que a formação dos futuros professores se nutra das demandas da prática e que os professores em exercício frequentem a universidade para discussão e análise de problemas concretos da prática.

Este livro apresenta questões relacionadas com novas exigências de formação de professores postas pelas novas realidades contemporâneas, com os olhares voltados para os requisitos de uma qualidade de ensino para todos, orientados por uma perspectiva emancipadora.

Os três textos foram escritos para conferências e passaram por algumas alterações para publicação. O Capítulo I resultou de um texto originalmente preparado para um encontro sobre as licenciaturas promovido pela Unimep — Universidade Metodista de Piracicaba (SP), em 1996, tendo sido reescrito na forma de artigo para a revista *Fragmentos de Cultura*, Goiânia, *7*(26): 33-34, 1997, do Instituto de Filosofia e Teologia de Goiás, e como capítulo de livro organizado por professores da Unimep. O Capítulo II é o texto apresentado no 9º Encontro Nacional de Vídeo e Educação, promovido pelo Senac e realizado em São Paulo, em 1996. O Capítulo III foi escrito com base em apontamentos feitos para comunicação oral no VI Encontro Nacional da ANFOPE — Associação Nacional pela Formação dos Profissionais da Educação em Belo Horizonte, em 1995.

Agradeço as sugestões de Lana de Souza Cavalcanti, Maria Augusta de Oliveira e Valter Soares Guimarães, que leram previamente um ou mais dos textos agora publicados.

Goiânia, janeiro de 1998.

I

PROFISSÃO PROFESSOR OU ADEUS PROFESSOR, ADEUS PROFESSORA? Exigências educacionais contemporâneas e novas atitudes docentes

Têm sido frequentes afirmações de que a profissão de professor está fora de moda, de que ela perdeu seu lugar numa sociedade repleta de meios de comunicação e informação. Estes seriam muito mais eficientes do que outros agentes educativos para garantir o acesso ao conhecimento e a inserção do indivíduo na sociedade. Muitos pais já admitem que melhor escola é a que ensina por meio de computadores, porque prepararia melhor para a sociedade informacional. As questões de aprendizagem seriam resolvidas com a tecnologização do ensino. Desse modo, não haveria mais lugar para a escola e para os professores. Numa sociedade sem escolas, os jovens aprenderiam em Centros de Informação por meio das novas tecnologias como televisão, vídeo, computadores.

Será assim? Terá chegado o tempo em que não serão mais necessários os professores? Se ainda forem úteis, serão capazes de competir com os meios de comunicação, recursos muito mais poderosos na motivação dos estudantes do que a sala de aula? A instalação de computadores e de outros meios tecnológicos nas escolas substituirá o professor? Ou as próprias escolas irão desaparecer, substituídas por Centros de Informática ou Centrais de Tele-educação e Multimídia? E se a escola não tem lugar na sociedade da informação, haveria necessidade de formar professores, ainda mais considerando-se os baixos salários que lhes são pagos e o desprestígio social da profissão?

São perguntas embaraçosas que confundem a cabeça das pessoas. Muitos professores temem perder o emprego, outros se apavoram quando são pressionados a lidar com equipamentos eletrônicos. Por outro lado, setores ligados a órgãos oficiais (Secretarias de Educação, exemplo) imaginam que a utilização das novas tecnologias seria suficiente para formar ou capacitar professores, tornando-os técnicos executores de pacotes de instruções. Também não faltam educadores entusiasmados com a ilusão de que a informação recebida dos meios de comunicação[1] substituiria a necessidade do domínio de conhe-

1. Dentre tantas classificações dos meios de comunicação aplicados à educação, utilizo-me da seguinte: "1. Tecnologias aplicadas à formação presencial (local): vídeo tradicional e vídeo interativo, videodisco, CD-ROM, ensino assistido por computador (em inglês CAO); 2. Rádio e televisão (inclusive audioconferência e videoconferência), videotexto, teleconferência (via computador, por satélite, cabo e televisão interativa)" (Vázquez Gómez, 1994).

cimentos. O presente texto põe em discussão essas questões, argumentando em favor do papel da escola e dos professores na sociedade dita pós-industrial, em boa parte caracterizada pelas novas tecnologias da informação e da comunicação.

É verdade que o mundo contemporâneo — neste momento da história denominado ora de *sociedade pós-moderna, pós-industrial ou pós-mercantil*, ora de *modernidade tardia* — está marcado pelos avanços na comunicação e na informática e por outras tantas transformações tecnológicas e científicas. Essas transformações intervêm nas várias esferas da vida social, provocando mudanças econômicas, sociais, políticas, culturais, afetando, também, as escolas e o exercício profissional da docência.

Na esfera econômica, o fenômeno mais importante é a globalização dos mercados, ou como outros preferem denominar, a mundialização da economia. A competitividade internacional leva a modificações nos padrões de produção e consumo. Novas tecnologias de produção afetam a organização do trabalho, modificando cada vez mais o perfil do trabalhador necessário para esse novo tipo de produção. Surgem novas profissões, desaparecem outras. Há uma tendência de intelectualização do processo de produção implicando mais conhecimento, uso da informática e de outros meios de comunicação, habilidades cognitivas e comunicativas, flexibilidade de raciocínio etc.

As mudanças na política são também visíveis, principalmente se pensarmos que os interesses políticos vão sendo subordinados às regras da mundialização da economia. O poder das finanças toma conta do mundo, comprometendo a soberania das nações. Vai desaparecendo a ideia de nação, de valores nacionais, de tradições locais. Os governos dos países periféricos vão perdendo sua autonomia enquanto vão reduzindo suas responsabilidades sociais em relação às políticas públicas para a educação, saúde, previdência. A participação das pessoas na vida política vem perdendo força, as organizações tendem a ficar enfraquecidas e diluem-se os laços de solidariedade entre as pessoas.

No campo ético, também ocorrem mudanças preocupantes. A padronização de hábitos de consumo e de gostos vai levando a uma vida moral também descartável. O individualismo e o egoísmo estão se acentuando. Valem mais os interesses pragmáticos e imediatos dos indivíduos do que princípios, valores, atitudes voltados para a vida coletiva, para a solidariedade, para o respeito à vida.

Na vida cotidiana, cada vez maior número de pessoas são atingidas pelas novas tecnologias, pelos novos hábitos de consumo e indução de novas necessidades. Pouco a pouco, a população vai precisando se habituar a digitar teclas, ler mensagens no monitor, atender instruções eletrônicas. Cresce o poder dos meios de comunicação, especialmente a televisão, que passa a exercer um domínio cada vez mais forte sobre crianças e jovens, interferindo nos valores e atitudes, no desenvolvimento de habilidades sensoriais e cognitivas, no provimento de informação mais rápida e eficiente.

Como se pode perceber, as mudanças são consideráveis e afetam não apenas a sociedade de um modo geral, como a nossa vida cotidiana. Os dados com os quais pretendemos ilustrar as transformações gerais da sociedade são, efetivamente, tendências do mundo atual que trazem benefícios, mas trazem, também, prejuízos. Principalmente, porque os benefícios não são para todos, ao contrário, destinam-se a uma minoria. Assmann (1994) escreve que as empresas transnacionais trabalham com a perspectiva de 700 milhões a 1 bilhão de consumidores potenciais com apreciável poder aquisitivo. Considerando que o mundo tenha de 6,5 a 8 bilhões de habitantes, o recorte da clientela para a qual se planeja a economia corresponde a cerca de 10% da população mundial. Ou seja, a maioria da população dos países, especialmente os mais pobres, incluindo o Brasil, perdeu relevância econômica e, certamente, entra na imensa lista dos excluídos.

Referindo-se à crise deste final de século, Frigotto (1996) identifica várias características da realidade contemporânea como estratégias de recomposição do capitalismo. No plano socioeconômico, o ajustamento de nossas sociedades à globalização significa dois terços da humanidade excluídos dos direitos básicos de sobrevivência, emprego, saúde, educação. No plano cultural e ético-político, a ideologia neoliberal prega o individualismo e a naturalização da exclusão social, considerando-se esta como sacrifício inevitável no processo de modernização e globalização da sociedade. No plano educacional, a educação deixa de ser um direito e transforma-se em serviço, em mercadoria, ao mesmo tempo que se acentua o dualismo educacional: diferentes qualidades de educação para ricos e pobres.

O quadro não é alentador, mas resignar-se a ele impede a luta por projetos alternativos de gestão política. É preciso investir na formulação de propostas assertivas, compreendendo que tendência não é destino e que a população brasileira pode organizar-se, pensar seu futuro, traçar formas de ação (Fávero et alii, 1992). Nesse caso, a escola ganha importância ao invés de perder. Para serem enfrentados os desafios do avanço acelerado da ciência e da tecnologia, da mundialização da economia, da transformação dos processos de produção, do consumismo, do relativismo moral, é preciso um maciço investimento na educação escolar. É preciso reconhecer a urgência da elevação do nível científico, cultural e técnico da população, para o que se torna inadiável a universalização da escolarização básica de qualidade.

A escolarização e o novo paradigma produtivo

O quadro de transformações sociais apontado sugere o desenho de um circuito integrado envolvendo os avanços tecnológicos, o novo modelo de produção e desenvolvimento, a qualificação profissional e a educação. O novo paradigma produtivo que acompanha o processo de internacionalização da economia provoca modificações no processo de produção, no perfil dos trabalhadores, nas relações de trabalho, nos hábitos de consumo. Por sua vez, uma nova economia da educação, em boa parte sustentada na inovação tecnológica e na difusão da informação, estaria supondo bases mínimas de escolarização que o capital necessitaria para fazer frente a novas necessidades de qualificação e requalificação profissional, o que implicaria uma acentuação da formação geral, principalmente, em termos de desenvolvimento de habilidades cognitivas (flexibilidade de raciocínio, resolução de problemas, tomada de decisões etc.) (Fávero et alii, 1992; Paiva, 1993).

Há educadores entusiasmados com as novas perspectivas de uma suposta aliança entre os interesses empresariais e o aumento da oferta de formação geral para a população, na direção de uma educação equalizadora. Por um lado, é verdade que as novas tecnologias e as novas formas organizacionais do trabalho estão relacionadas com necessidades de melhor qualificação profissional. Entretanto, não há evidências, em nosso país, de que o segmento empresarial e o governo estejam se engajando em novos tipos de estratégias formativas. É ilusório, portanto, crer que a ideia da educação como fator central do novo paradigma produtivo e do desenvolvimento econômico tenha um sentido democratizante.[2] Tal discurso restringe-se à parcela dos incluídos (Costa, 1994). Mesmo se houver alguma evidência de ampliação de recursos para a formação geral da população, há razões para crer que tal formação teria características de aligei-

2. É difícil acreditar numa política educacional modernizante, tal como a que tem sido incentivada pelo governo federal, quando se observa nos Estados a manutenção do sistema de ensino duplo: o das escolas públicas sem remuneração decente para os professores, sem condições físicas e materiais, sem supervisão pedagógico-didática com qualidade, sem programas de formação continuada, e o das escolas privadas cada vez mais seletivas.

ramento, isto é, um tipo de formação geral aligeirada, aproximação mais estreita entre exigências formativas e produção, apologia da prática e da experiência, desvalorização do saber escolar, primado da socialização profissional sobre qualificações pessoais (Paiva, 1993). Nesse sentido, os educadores precisariam acompanhar de perto e criticamente propostas de formação de professores e de programas tipo "ensino a distância" aventados pelo Ministério da Educação.

As críticas de esquerda a esse respeito são procedentes. O chamado modelo neoliberal de educação estaria subordinando alvos político-sociais (equidade, cidadania, democracia) a intentos estritamente econômicos (desenvolvimento tecnológico, competitividade internacional), ou seja, à lógica do mercado.[3]

Quais seriam os indicadores de qualidade de ensino hoje para reorientação de objetivos escolares, tendo em vista uma educação emancipadora e crítica? Há poucos estudos sobre isso, e menos ainda sobre suas implicações na sala de aula. Todavia, há um consenso de que uma teoria crítica da educação proporia um processo formativo abrangendo a totalidade do ser humano, nas suas dimensões física, afetiva, cognitiva, não se reduzindo à dimensão econômica. No entanto, trata-se, ainda, de uma declaração genérica. É preciso traduzir objetivos genéricos em práticas concretas nos locais de educação. Nesse sentido, cumpre reconhecer que há uma efetiva mudan-

3. Cf., por exemplo, Gentili & Silva (1994), Frigotto (1995), Silva & Gentili (1996).

ça nas condições objetivas de produção, ou seja, os avanços tecnológicos não resultariam meramente de uma estratégia consciente dos empresários ou tão somente de imperativos estruturais do capitalismo, mas de uma conjugação mais complexa de fatores (Paiva, 1993). A transformação geral da sociedade repercute, sim, na educação, nas escolas, no trabalho dos professores. Embora seja verdade que tal repercussão tem se caracterizado pela subordinação da educação à economia e ao mercado com pouca ou nenhuma preocupação com a desigualdade e o destino social das pessoas, não se pode deixar de investir numa proposta de escola democrática que contemple conhecimentos, habilidades e valores necessários para a sobrevivência no mundo complexo de hoje (Frigotto, 1996; Gimeno Sacristán, 1996).

Certas demandas do processo produtivo não podem ser ignoradas, tais como as seguintes: desenvolvimento de capacidades cognitivas e operativas encaminhadas para um pensamento autônomo, crítico, criativo; formação geral e capacitação tecnológica para que os trabalhadores possam exercer mais controle sobre suas condições de trabalho, de modo a não buscar competência apenas em tarefas fixas e previsíveis, mas compreender a totalidade do processo de produção; qualificação mais elevada e de melhor qualidade, de caráter geral do trabalhador, inclusive como condição para quebrar a rigidez da tecnologia; desenvolvimento de novas atitudes e disposições sociomotivacionais relacionadas com o trabalho: responsabilidade, iniciativa, flexibilidade de mudança de papéis e rápida adaptação a máquinas e ferramentas e formas de trabalho que envolvem equipes interdisciplinares e heterogêneas (cf., por exemplo, Paiva, 1993; Machado, 1994).[4]

Assmann (1994), recusando a submissão da educação e outras necessidades sociais a critérios mercadológicos, chama a atenção, no entanto, para o fato de que não há práxis política socialmente significativa que não passe, também e acentuadamente, pelas mediações econômicas. Afirma que "quem deseja discutir cidadania, tem que juntar os assuntos educação e trabalho". Ou mais explicitamente:

> Se os educadores e as instituições educacionais quiserem, deveras, evitar o perigo de aderir quase exclusivamente a um dos polos (o viés do cidadão-cliente e o viés do cidadão-sujeito político), deverão encarar, conjuntamente a capacitação efetiva para empregos reais e a formação da consciência do sujeito socialmente responsável.

Touraine (1996), em recentes considerações sobre educação diante da transformação geral da sociedade, aponta três ordens de conhecimento: a ciência fundamental (matemática, biologia, literatura, língua); o conhecimento economicamente orientado (preparação para o mundo tecnológico e comunicacional); saberes social-

4. A descrição desses requisitos visa tão somente apontar tendências possíveis para se pensar a escola democrática de hoje, sem pretender fazer uma correspondência linear entre qualificação e emprego ou entre educação e mercado de trabalho. O que importa, efetivamente, é defender o princípio básico de que a democratização econômica e política e a luta contra a exclusão social continuam requerendo a escolarização da população com qualidade compatível com as demandas do mundo contemporâneo.

mente úteis (desenvolvimento e defesa do meio ambiente, meios de luta contra o racismo e a segregação social, luta pela vida...).

Uma teoria crítica não pode, pois, ignorar as conexões entre educação e economia. Os intelectuais, militantes e profissionais que desejam discutir a linguagem da possibilidade para além da linguagem da crítica, realmente enfrentam dilemas. Por exemplo, é possível compatibilizar equidade e competitividade, cidadania e democracia com produtividade e eficiência? Pode-se confiar num modelo econômico que descreve o conceito de equidade como distribuição de riqueza e direitos ao mesmo tempo que supõe uma excludência social? (Costa, 1994). Mas, por outro lado, como melhorar a qualidade da oferta dos serviços educacionais, com critérios externos e internos de qualidade, como uma das estratégias de superação das desigualdades sociais e para atender efetivamente a todos e não apenas a uma minoria privilegiada? Para compor esse esforço, propõe-se a discussão de um conjunto de objetivos para uma educação básica de qualidade (Libâneo, 1996a):

- *Preparação para o mundo do trabalho* em que a escola se organize para atender às demandas econômicas e de emprego, inclusive para formas alternativas, visando à flexibilização que caracteriza o processo produtivo contemporâneo e adaptação dos trabalhadores às complexas condições de exercício profissional no mercado de trabalho. Trata-se de uma escola unitária, centrada na formação geral (que articule o conhecer, o valorar e o agir) e na cultura tecnológica (capacidades de fazer escolhas valorativas, tomar decisões, fazer análises globalizantes, interpretar informações de toda natureza, pensar estrategicamente, e de flexibilidade intelectual).

- *Formação para a cidadania crítica*, isto é, formar um cidadão-trabalhador capaz de interferir criticamente na realidade para transformá-la e não apenas formar para integrar o mercado de trabalho. A escola deve continuar investindo na ajuda aos alunos a se tornarem críticos, a se engajarem na luta pela justiça social, a situarem-se competente e criticamente no sistema produtivo.
- *Preparação para a participação social*, em termos de fortalecimento de movimentos sociais, não apenas os que envolvem setores amplos da sociedade, mas também aqueles localizados, baseados em interesses comunitários mais restritos, no bairro, na região, nos pequenos grupos, organizados em associações civis, entidades não governamentais etc. A preparação para a participação social é uma exigência educativa para viabilizar o controle público não estatal sobre o Estado, mediante o fortalecimento da esfera pública não estatal, e que implica o desenvolvimento de competências sociais como relações grupais e intergrupais, processos democráticos e eficazes de tomada de decisões, capacidades sociocomunicativas, de iniciativa, de liderança, de solução de problemas etc.

- *Formação ética*, explicitando valores e atitudes por meio das atividades escolares. Trata-se de formar valores e atitudes ante o mundo da política e da economia, o consumismo, o sexo, a droga, a predação ambiental, a violência, e perante, também, as formas de exploração que se mantêm no capitalismo contemporâneo.

Uma nova escola

Ao contrário, pois, do que alguns pensam, existe lugar para a escola na sociedade tecnológica e da informação, porque ela tem um papel que nenhuma outra instância cumpre. É verdade que essa escola precisa ser repensada. E um dos aspectos mais importantes a considerar é o de que a escola não detém sozinha o monopólio do saber. Há hoje um reconhecimento de que a educação acontece em muitos lugares, por meio de várias agências. Além da família, a educação ocorre nos meios de comunicação, nas empresas, nos clubes, nas academias de ginástica, nos sindicatos, na rua. As próprias cidades vão se transformando em agências educativas por meio de iniciativas de participação da população na gestão de programas culturais, de organização dos espaços e equipamentos públicos.[5]

5. Touraine fala da necessidade de se elaborar, entre as políticas sociais, uma política de renovação da cidade para "construir uma segurança social coletiva que cuide da vida coletiva" (1996, p. 70). Ele argumenta que a separação entre os centros urbanos e bairros periféricos e a segregação social destroem a cidade como

O que deve ser a escola em face dessas novas realidades? A escola precisa deixar de ser meramente uma agência transmissora de informação e transformar-se num lugar de análises críticas e produção da informação, onde o conhecimento possibilita a atribuição de significado à informação. Nessa escola, os alunos aprendem a buscar a informação (nas aulas, no livro didático, na TV, no rádio, no jornal, nos vídeos, no computador etc.), e os elementos cognitivos para analisá-la criticamente e darem a ela um significado pessoal. Para isso, cabe-lhe prover a formação cultural básica, assentada no desenvolvimento de capacidades cognitivas e operativas. Trata-se, assim, de capacitar os alunos a selecionar informações mas, principalmente, a internalizar instrumentos cognitivos (saber pensar de modo reflexivo) para aceder ao conhecimento. A escola fará, assim, uma síntese entre a cultura formal (dos conhecimentos sistematizados) e a cultura experienciada. Por isso, é necessário que proporcione não só o domínio de linguagens para busca da informação, mas também para a criação da informação. Ou seja, a escola precisa articular sua capacidade de receber e interpretar informação com a de produzi-la, a partir do aluno como sujeito do seu próprio conhecimento. Colom (1994, p. 78) explicita a ideia de escola como "espaço de síntese":

> (...) um espaço onde seja possível, em uma sociedade culturalizada pela informação das multimídias e pela intervenção

---

lugar de comunicação social e política. Não é, pois, sem razão que a cidade se torna um *locus* de práticas educativas integradas.

> educativa urbana, realizar a necessária síntese doadora de sentido e de razão crítica de todas as mensagens-informação acumuladas de forma diversa e autônoma através dos meios tecnológicos. Síntese e significado enquanto reordenação e reestruturação da cultura recebida em mosaico. Desta forma, conceber a escola como espaço de síntese é acreditar nela como estrutura possibilitadora de significado mais do que como estrutura possibilitadora de informação.

Nessa escola haverá lugar para o professor? Sem dúvida. Não só o professor tem o seu lugar, como sua presença torna-se indispensável para a criação das condições cognitivas e afetivas que ajudarão o aluno a atribuir significados às mensagens e informações recebidas das mídias, das multimídias e formas variadas de intervenção educativa urbana. O valor da aprendizagem escolar está justamente na sua capacidade de introduzir os alunos nos significados da cultura e da ciência por meio de mediações cognitivas e interacionais providas pelo professor. Essa escola, concebida como espaço de síntese, estaria buscando atingir aqueles objetivos mencionados anteriormente para uma educação básica de qualidade: formação geral e preparação para o uso da tecnologia, desenvolvimento de capacidades cognitivas e operativas, formação para o exercício da cidadania crítica, formação ética.

Para isso, professores são necessários, sim. Todavia, novas exigências educacionais pedem às universidades um novo professor capaz de ajustar sua didática às novas realidades da sociedade, do conhecimento, do aluno, dos meios de comunicação. O novo professor precisaria, no mínimo, de adquirir sólida cultura geral, capacidade de aprender a aprender, competência para saber agir na sala de aula, habilidades comunicativas, domínio da linguagem informacional e dos meios de informação, habilidade de articular as aulas com as mídias e multimídias.

Novas atitudes docentes

São destacados a seguir alguns pontos que sinalizam um posicionamento sobre as novas atitudes docentes diante das realidades do mundo contemporâneo.

1. *Assumir o ensino como mediação: aprendizagem ativa do aluno com a ajuda pedagógica do professor.*

O ensino exclusivamente verbalista, a mera transmissão de informações, a aprendizagem entendida somente como acumulação de conhecimentos, não subsistem mais. Isso não quer dizer abandono dos conhecimentos sistematizados da disciplina nem da exposição de um assunto. O que se afirma é que o professor medeia a relação ativa do aluno com a matéria, inclusive com os conteúdos próprios de sua disciplina, mas considerando os conhecimentos, a experiência e os significados que os alunos trazem à sala de aula, seu potencial cognitivo, suas capacidades e interesses, seus procedimentos de pensar, seu modo de trabalhar. Ao mesmo tempo, o professor ajuda no questionamento dessas experiências e significados, provê condições e meios cognitivos para sua modificação por parte dos alunos e orienta-os, intencionalmente, para objetivos educativos. Está embutida aí a ajuda do professor para o desenvolvimento das competências do pensar, em função do que coloca problemas, pergunta, dialoga, ouve os alunos, ensina-os a argumentar, abre espaço para expressarem seus pensamentos, sentimentos, desejos, de modo que tragam para a aula sua realidade vivida. É nisso que consiste a ajuda pedagógica ou mediação pedagógica.

O que está em questão, portanto, é uma formação que ajude o aluno a transformar-se num sujeito pensante, de modo que aprenda a utilizar seu potencial de pensamento por meio de meios cognitivos de construção e reconstrução de conceitos, habilidades, atitudes, valores. Trata-se de investir numa combinação bem-sucedida da assimilação consciente e ativa desses conteúdos com o desenvolvimento de capacidades cognitivas e afetivas pelos alunos visando à formação de estruturas próprias de pensamento, ou seja, instrumentos conceituais de apreensão dos objetos de conhecimento, mediante a condução pedagógica do professor que disporá de práticas de ensino intencionais e sistemáticas de promover o "ensinar a aprender a pensar".

> O ensino deve ser entendido (...) como uma ajuda ao processo de aprendizagem. Ajuda necessária, porque sem ela é muito pouco provável que os alunos cheguem a aprender, e a aprender da maneira mais significativa possível, os conhecimentos necessários para seu desenvolvimento pessoal e para sua capacidade de compreensão da realidade e de atuação nela. Entretanto, só ajuda, porque o ensino não

substitui a atividade mental construtiva do aluno, nem ocupa seu lugar (Onrubia, 1994, p. 101).

2. *Modificar a ideia de uma escola e de uma prática pluridisciplinares para uma escola e uma prática interdisciplinares.*

A escola pluridisciplinar é a que conhecemos: as disciplinas do currículo são justapostas e isoladas entre si, geralmente sem integração entre os domínios do conhecimento. O ensino das disciplinas segue uma ordem lógica, horários rígidos, sem considerar as diferenças de aprendizagem entre os alunos. O aluno aprende diretamente do professor e do livro didático. Os problemas da vida real na sociedade (global e local), os interesses em que os alunos estão envolvidos, outras formas de saber, não se fazem presentes na sala de aula. Ou seja, critica-se a organização disciplinar porque ela lida com o conhecimento de forma estanque, fechada, fragmentada e, por isso, põe dificuldades ao conhecimento interdisciplinar.

A noção mais conhecida de interdisciplinaridade é a de interação entre duas ou mais disciplinas para superar a fragmentação, a compartimentalização, de conhecimentos, implicando uma troca entre especialistas de vários campos do conhecimento na discussão de um assunto, na resolução de um problema, tendo em vista uma compreensão melhor da realidade. A característica central da interdisciplinaridade, segundo Japiassu (1976), consiste no fato de ela conseguir incorporar os resultados de várias especialidades, tomando-lhes de empréstimo esquemas conceituais de análise, instrumentos e técnicas metodológicas, a fim de fazê-los integrar, depois de havê-los comparado e julgado. Nessa noção está a ideia de superação da especialização excessiva, portanto, de maior ligação teoria-prática, maior ligação da ciência com suas aplicações. A ideia é de que não se trata de conhecer por conhecer, mas de ligar o conhecimento científico a uma cognição prática, isto é, de compreender a realidade para transformá-la.

Atitudes e práticas interdisciplinares, todavia, não são incompatíveis com a organização do currículo por disciplinas escolares que têm por base as disciplinas científicas, porque não há prática interdisciplinar sem a especialização disciplinar. O vício principal do currículo por disciplinas é reduzir o ensino à exposição oral dos conteúdos factuais e ao material informativo do livro didático, sem considerar o processo de investigação, os modos de pensar a que as disciplinas recorrem, a funcionalidade desses conteúdos para a análise de problemas e situações concretas e para a vida prática cotidiana. É daí que se postula uma atitude interdisciplinar que mobiliza o professor a transitar do geral ao particular e deste ao geral, do conhecimento integrado ao especializado e deste ao integrado, do território da disciplina às suas fronteiras e vice-versa.

Uma mudança de atitude dos professores diante da rigidez da organização disciplinar implica compreender a prática da interdisciplinaridade em três sentidos: como atitude, como forma de organização administrativa e pedagógica da escola, como prática curricular.

A atitude interdisciplinar, tal como propõe Fazenda (1994), significa não só eliminar as barreiras entre as disciplinas, mas também as barreiras entre as pessoas, de modo que os profissionais da escola busquem alternativas para se conhecerem mais e melhor, troquem conhecimentos e experiências entre si, tenham humildade diante da limitação do próprio saber, envolvam-se e comprometam-se em projetos comuns, modifiquem seus hábitos já estabelecidos em relação à busca do conhecimento, perguntando, duvidando, dialogando consigo mesmos. Trata-se, portanto, de um modo de proceder intelectualmente, de uma prática de trabalho científico, profissional, de construção coletiva do conhecimento.

A organização escolar interdisciplinar é um modo de efetivar a atitude interdisciplinar e se expressa na elaboração coletiva do projeto pedagógico e nas práticas de organização e gestão da escola. Começa, portanto, com a integração dos professores das várias disciplinas e especialistas num sistema de atitudes e valores que garantam a unidade do trabalho educativo e se viabiliza por um sistema de organização e gestão negociado. É uma prática organizacional nova que possibilitará a intercomunicação de saberes, atitudes, valores, fulcro da interdisciplinaridade.

Como prática curricular, há muitas formas de viabilização: reunir disciplinas cujos conteúdos permitem tratamento pedagógico-didático interdisciplinar (por exemplo, em projetos específicos ligados a problemas sociais, às grandes questões atuais, a temas unificadores etc.); formular, após levantamento de características da realidade local e da identificação de problemas mais significativos para o grupo de alunos, temas geradores que possibilitem a compreensão mais globalizante dessa realidade por meio da contribuição de várias disciplinas;[6] desenvolver práticas de ensino não convencionais que ajudem os alunos a aprender a pensar, a ter maior flexibilidade de raciocínio, a ver as coisas nas suas relações; em cada disciplina, orientar o estudo de um assunto para abordá-lo em todos os seus aspectos, ligações, relações internas e externas, e fazer a ligação com os problemas sociais e cotidianos.

A atitude interdisciplinar requer uma mudança conceitual no pensamento e na prática docente, pois seus alunos não conseguirão pensar interdisciplinarmente se o professor lhes oferecer um saber fragmentado e descontextualizado.

3. Conhecer estratégias do ensinar a pensar, ensinar a aprender a aprender.

A ideia do "ensinar a pensar" ou do "ensinar a aprender a aprender" está associada aos esforços dos educadores

---

6. Sobre uma metodologia interdisciplinar partindo de temas geradores, consultar Lufti (1993). Os defensores dessa linha de trabalho assinalam algumas vantagens: as fronteiras entre as matérias ficam diluídas, em torno de um tema comum; há uma negociação entre os professores para definir conteúdos mais ligados a determinada matéria, provocando uma complementariedade de abordagens; os alunos vão desenvolvendo habilidades comuns a várias matérias, à medida que os professores não trabalham mais isoladamente; assegura-se a interdisciplinaridade, porque o aluno vai percebendo a inter-relação dos vários ramos que compõem o conhecimento, ou seja, reconhecendo os nexos existentes entre as diversas matérias; assegura-se o equilíbrio entre o geral e o específico sem perder de vista a especificidade de cada área.

em prover os meios da autossocioconstrução do conhecimento pelos alunos. Muitos alunos desenvolvem, por si próprios, procedimentos alternativos de aprendizagem ou modos de pensar. Outros, no entanto, têm dificuldades de usar os conceitos, organizar ou reestruturar o pensamento, interpretar textos, adquirir métodos próprios de trabalho. Nisbet e Shucksmith (1994), preocupados com os processos de aprendizagem, perguntam: O que é que distingue alunos que aprendem bem de alunos que aprendem mal? O que é que distingue uma situação de aprendizagem satisfatória de outra insatisfatória? E respondem:

> É óbvio que a diferença não reside simplesmente na posse de um certo quociente intelectual ou mesmo numa série de técnicas ou métodos "corretos" de estudo. O que parece ser a chave da reação de cada aluno diante da situação de aprendizagem é sua capacidade de captar, consciente ou inconscientemente, as exigências da tarefa e de responder a elas adequadamente, ou seja, a capacidade de reconhecer e controlar a situação de aprendizagem (p. 22).

Esses autores afirmam, a partir de suas pesquisas, que obtêm melhores resultados os estudantes que *aprenderam a aprender*. E acrescentam que se pode aprender a aprender de muitas maneiras, inclusive mediante o ensino. Estratégias de aprendizagem são, pois, "a estruturação de funções e recursos cognitivos, afetivos ou psicomotores que o indivíduo leva a cabo nos processos de cumprimento de objetivos de aprendizagem". Não se trata, meramente, de técnicas instrumentais ou de prover ao aluno um repertório de habilidades mecanizadas, nem, muito menos, de reduzir a aprendizagem escolar à aquisição dessas estratégias. Elas constituem, no entanto, um passo importante, talvez indispensável, para atingir melhor capacidade de raciocínio, de pensamento criativo e de resolução de problemas no estudo dos conteúdos escolares.[7]

É certo, assim, que a tarefa de ensinar a pensar requer dos professores o conhecimento de estratégias de ensino e o desenvolvimento de suas próprias competências do pensar. Se o professor não dispõe de habilidades de pensamento, se não sabe "aprender a aprender", se é incapaz de organizar e regular suas próprias atividades de aprendizagem, será impossível ajudar os alunos a potencializarem suas capacidades cognitivas.[8]

4. *Persistir no empenho de auxiliar os alunos a buscarem uma perspectiva crítica dos conteúdos, a se habituarem a apreender as realidades enfocadas nos conteúdos escolares de forma crítico-reflexiva.*

Essa recomendação não é mais que um desdobramento das estratégias do ensinar a aprender a aprender

---

7. A concepção de processo de ensino e aprendizagem denominada de *mudança conceitual* parece ser compatível com o "ensinar a aprender a aprender". O ensino seria um processo de promover a mudança conceitual, o que obviamente requer competências do pensar. Mudança conceitual é "a transformação ou a substituição de crenças e ideias ingênuas (concepções prévias ou alternativas) de alunos sobre fenômenos sociais e naturais por outras ideias (mais sofisticadas e mais cientificamente aceitas), no curso do processo de ensino-aprendizagem" (Schnetzler, 1994).

8. É nessa orientação que se incluem os estudos sobre o ensino como atividade reflexiva em que o professor submete sua prática à crítica reflexiva (cf., por exemplo, Zeichner, 1993; Pérez Gómez, 1992; Perrenoud, 1993).

que culminam com o *ensinar a pensar criticamente*. O ensino, mais do que promover a acumulação de conhecimentos, cria modos e condições de ajudar os alunos a se colocarem ante a realidade para pensá-la e atuar nela. Nesse sentido, aprender a aprender não é mais que a condição em que o aluno assume conscientemente a construção do conhecimento, aprende como fazê-lo e utiliza os conteúdos internalizados (conceitos, habilidades, atitudes, valores) em problemas e necessidades da vida cotidiana. O que se agrega aqui, em termos de um pensar crítico, é a capacidade de problematizar, ou seja, de aplicar conceitos como forma de apropriação dos objetos de conhecimento a partir de um enfoque totalizante da realidade.

Resumidamente, trata-se de uma abordagem crítico--social dos conteúdos em que os objetos de conhecimento (fatos, conceitos, leis, habilidades, métodos etc.) são apreendidos nas suas propriedades e características próprias e, ao mesmo tempo, nas suas relações com outros fatos e fenômenos da realidade, incluindo especificamente as ligações e nexos sociais que os constituem como tais, isto é, como objetos de conhecimento. Em outras palavras, a apropriação crítica da realidade significa contextualizar um tema de estudo buscando compreender suas ligações com a prática humana. Quando o professor ensina um tema, uma matéria, ele deveria perguntar a si próprio e aos alunos: como os homens e mulheres, na sua atividade prática coletiva nas várias esferas da vida social, intervêm, modificam, constroem, esse tema de estudo? Qual é a sua importância para atender às necessidades práticas da vida social, como os problemas sociais, o desenvolvimento da ciência e da tecnologia, as necessidades humanas básicas? O que este tema tem a ver com as contradições sociais, com as desigualdades sociais, com a dinâmica das relações entre grupos e classes sociais? (Libâneo, 1995).

5. *Assumir o trabalho de sala de aula como um processo comunicacional e desenvolver capacidade comunicativa.*

Nos tópicos anteriores foi apresentado o papel da escola na sociedade informacional, destacando-a como espaço de síntese, ou seja, local em que as informações recebidas das multimídias e das variadas formas de intervenção educativa urbana são reordenadas e sintetizadas, atribuindo-lhes significados (Colom, 1994). Não se elide dela, no entanto, a responsabilidade de lidar com o conhecimento sistematizado e com a potencialização das capacidades cognitivas e afetivas dos alunos. Para isso, necessitará utilizar linguagens não só para a busca de informação, mas também para a emissão de informação. É nesse aspecto que intervêm os processos comunicacionais, pois toda prática educativa intencional envolve capacidades comunicativas.

Os requisitos pedagógicos da comunicação escolar já eram conhecidos dos educadores, antes mesmo que ocorresse maior aproximação entre teoria da educação e teoria da comunicação, assim como a adequação da linguagem conforme os significados a transmitir, adaptação ao nível de desenvolvimento e aprendizagem dos alunos, formulação de conteúdos significativos, seleção, ordenação e sequência dos conteúdos em função dos resultados desejados, atenção à "reação" dos alunos etc. Todavia, a concorrência a que o professor se obriga com outros meios de comunicação requer dele aprofundar-se nas técnicas de comunicação, tais como formas mais eficientes de expor e explicar conceitos e de organizar a informação, de mostrar objetos ou demonstrar processos, bem como domínio da linguagem informacional, postura corporal, controle da voz, conhecimento e uso dos meios de comunicação na sala de aula. Importante, também, considerar o ambiente ou contexto físico da comunicação educativa, como é o caso da organização do espaço da sala de aula.

6. *Reconhecer o impacto das novas tecnologias da comunicação e informação na sala de aula (televisão, vídeo,* games, *computador, internet, CD-ROM etc.).*

A escola continuará durante muito tempo dependendo da sala de aula, do quadro-negro, dos cadernos. Mas as mudanças tecnológicas terão um impacto cada vez maior na educação escolar e na vida cotidiana. Os professores não podem mais ignorar a televisão, o vídeo, o cinema, o computador, o telefone, o *fax*, que são veículos de informação, de comunicação, de aprendizagem, de lazer, porque há tempos o professor e o livro didático deixaram de ser as únicas fontes do conhecimento. Ou seja, professores, alunos, pais, todos precisamos aprender a ler sons, imagens, movimentos e a lidar com eles.

Kenski (1996, p. 133) apresenta esse assunto de uma forma muito pertinente:

> (Os alunos) aprendem em múltiplas e variadas situações. Já chegam à escola sabendo muitas coisas ouvidas no rádio, vistas na televisão, em apelos de *outdoors* e informes de mercado e *shopping centers* que visitam desde pequenos. Conhecem relógios digitais, calculadoras eletrônicas, videogames, discos a laser, gravadores e muitos outros aparelhos que a tecnologia vem colocando à disposição para serem usados na vida cotidiana.
>
> Estes alunos estão acostumados a aprender através dos sons, das cores, das imagens fixas das fotografias ou, em movimento, nos filmes e programas televisivos. (...) O mundo desses alunos é polifônico e policrômico. É cheio de cores, imagens e sons, muito distante do espaço quase que exclusivamente monótono, monofônico e monocromático que a escola costuma lhes oferecer.

O texto da autora é muito rico em análises e orientações para os professores, especialmente quanto ao uso da televisão e do vídeo. Ela concorda que a escola tem um papel fundamental em ajudar os alunos, a partir da informação, a buscar o conhecimento e, daí, aprender a atribuir significados à informação fragmentada, superficial, da televisão.

> As informações vêm de forma global e desconexa através dos múltiplos apelos da sociedade tecnológica. A escola precisa aproveitar essa riqueza de recursos externos, não para reproduzi-los em sala de aula, mas para polarizar essas informações, orientar as discussões, preencher as lacunas

> do que não foi apreendido, ensinar os alunos a estabelecer distâncias críticas com o que é veiculado pelos meios de comunicação (p. 143).

É preciso, portanto, que os professores modifiquem suas atitudes diante dos meios de comunicação, sob risco de serem engolidos por eles. Mas é insuficiente ver os meios de comunicação meramente como recursos didáticos. Os meios de comunicação social (mídias e multimídias) fazem parte do conjunto das mediações culturais que caracterizam o ensino. Como tais, são portadores de ideias, emoções, atitudes, habilidades e, portanto, traduzem-se em objetivos, conteúdos e métodos de ensino (Rezende e Fusari, 1994). Os meios de comunicação, portanto, apresentam-se, pedagogicamente, sob três formas conjugadas: como conteúdo escolar integrante das várias disciplinas do currículo, como competências e atitudes profissionais dos professores e como meios tecnológicos de comunicação humana (visuais, cênicos, verbais, sonoros, audiovisuais) (Libâneo, 1996b).

7. *Atender à diversidade cultural e respeitar as diferenças no contexto da escola e da sala de aula.*

Essa atitude diz respeito à preocupação em vincular o trabalho que se faz na sala de aula com a vida que os alunos levam fora da escola e com as diferentes capacidades, motivações, formas de aprendizagem de cada um. A diversidade cultural diz respeito, basicamente, à realidade concreta da diferença entre as pessoas. É levar em conta as experiências do cotidiano que os alunos têm na condição de brancos, negros, homens, mulheres, homossexuais, trabalhadores, pobres, remediados, e que não é possível atuar com todos os alunos da mesma maneira. Trata-se de reconhecer que os resultados escolares dos alunos dependem da origem social, da situação pessoal e familiar, da relação com os professores, tanto ou mais ainda do que a inteligência.

Obviamente, os professores de hoje sabem que diferenças sociais, culturais, intelectuais, de personalidade, são geradoras de diferenças na aprendizagem. Todavia, o respeito às diferenças vai mais longe, implica um posicionamento ativo de reconhecer a diversidade que é "ver em cada indivíduo a presença do universal e simultaneamente a do particular" (Touraine, 1996, p. 68). Atender à diversidade cultural implica, pois, reduzir a defasagem entre o mundo vivido do professor e o mundo vivido dos alunos, bem como promover, efetivamente, a igualdade de condições e oportunidades de escolarização a todos.

8. *Investir na atualização científica, técnica e cultural, como ingredientes do processo de formação continuada.*

Com o advento de novas concepções de aprendizagem, a necessidade de ligação do conhecimento científico com os problemas da sociedade e do cotidiano e o desenvolvimento acelerado das novas tecnologias da comunicação e informação, é preciso colocar a autoformação contínua como requisito da profissão docente. O exercício do trabalho docente requer, além de uma sólida cultura geral, um esforço contínuo de atualização científica na sua disciplina e em campos de outras áreas relacionadas, bem como incorporação das inovações tecnológicas.

O professor precisa juntar a cultura geral, a especialização disciplinar e a busca de conhecimentos conexos com sua matéria, porque formar o cidadão hoje é, também, ajudá-lo a se capacitar para lidar praticamente com noções e problemas surgidos nas mais variadas situações, tanto do trabalho quanto sociais, culturais, éticas. Frequentemente, os professores estarão trabalhando com situações-problema, temáticas integradoras, que requerem uma *alfabetização científica e tecnológica* (Santos, 1994), pela qual se incorpora aos saberes do cotidiano uma perspectiva mais estruturada, mais elaborada, para superar o senso comum. Essa atitude implica saber discutir soluções para problemas a partir de diferentes enfoques (interdisciplinaridade), contextualizar o objeto de estudo em sua dimensão ética e sociocultural, ter capacidade de trabalhar em equipe. Todas as disciplinas do currículo precisam estar conectadas a conteúdos e valores sociais que desafiam a atuação dos cidadãos: a educação ambiental, a educação para o consumo, a busca da paz, da solidariedade, da justiça, da saúde pública.

9. Integrar no exercício da docência a dimensão afetiva.

A cultura escolar inclui também a dimensão afetiva. A aprendizagem de conceitos, habilidades e valores envolve sentimentos, emoções, ligadas às relações familiares, escolares e aos outros ambientes em que os alunos vivem. Proporcionar ao aluno uma aprendizagem significativa supõe da parte do professor conhecer e compreender motivações, interesses, necessidades de alunos diferentes entre si, capacidade de comunicação com o mundo do outro, sensibilidade para situar a relação docente no contexto físico, social e cultural do aluno. Zemelman (1994) aponta pistas para o enfoque da questão dimensão científica/dimensão afetiva ao recomendar, na formação do ser humano, a articulação entre a dimensão estritamente cognitiva, suscetível de uma linguagem analítica, inclusive formal, com a dimensão gnoseológica. Ele acrescenta:

> Nesta perspectiva, estamos cada vez mais na presença do desafio de articular linguagens, o que não é apenas uma questão epistêmica, própria do plano da construção do conhecimento mas, também, do próprio ensino. Não podemos trabalhar somente com linguagens analíticas mas saber articular linguagens simbólicas que nos mostram realidades diferentes. (...) A realidade vivida, cotidiana ou não, não se capta através da linguagem analítica mas, sim, através de uma conjunção de linguagens. (...) Isto supõe abordar as mediações que há entre o conhecimento disciplinar e o que poderíamos definir como o comportamento dos indivíduos, ou seja, seu mundo de vida como expressão do complexo universo em que está inserido o indivíduo concreto (p. 27).

10. *Desenvolver comportamento ético e saber orientar os alunos em valores e atitudes em relação à vida, ao ambiente, às relações humanas, a si próprios.*

Dizer que a escola educa é tão banal como dizer que o aluno vai à escola para aprender. Entretanto, pairam sobre os educadores as ameaças de um relativismo ético que pode comprometer o papel educativo do ensino que, no final das contas, consiste em aliar conhecimentos a convicções, considerando estas como princípios norteadores da personalidade diante de problemas e dilemas da vida prática. A formação de atitudes e valores, perpassando as atividades de ensino, adquire, portanto, um peso substantivo na educação escolar, porque se a escola silencia sobre valores, abre espaço para os valores dominantes no âmbito social. As escolas devem, então, assumir que precisam ensinar valores. Certamente, a todo momento a escola, os professores, o ambiente, passam valores como parte do chamado currículo oculto. Mas é justamente por isso que o grupo de professores e especialistas de uma escola precisa explicitar princípios norteadores para a vida prática decorrentes de um consenso mínimo, a partir da busca de sentidos de sua própria experiência. Não se trata, obviamente, de inculcar valores, de doutrinação política ou religiosa, mas de *propiciar aos alunos conhecimentos, estratégias e procedimentos de pensar sobre valores e critérios de modos de decidir e agir*. Mas como escreve Santos (1996, p. 104), "importa que o desenvolvimento dessas competências radique num currículo que antecipe situações de aprendizagem intencionalmente dirigidas para essa finalidade".

A se considerar uma orientação socioconstrutivista, o desenvolvimento de competências do pensar no campo ético implicaria menos a adoção de valores éticos externos na forma de princípios universais, fixos e descontextualizados, e mais na busca de sentido das ações cotidianas, de valores éticos ligados à comunidade escolar e ao grupo de professores. Não se quer, com isso, negar princípios universais, mas saber contextualizá-los numa determinada sociedade, cultura, local. Diz acertadamente McLaren (1993) que hoje certo relativismo é inevitável, na medida em que o conhecimento é sempre contingente e contextual. Mas, continua, "a construção de uma política emancipatória da educação deve evitar qualquer relativismo geral que se recuse a tomar posição em questões de opressão humana e injustiça social". Isso significa recusar a polarização entre valores universais e valores particulares (específicos) e tomá-los como mutuamente excludentes. Eagleton, citado por McLaren, escreve que uma política emancipatória começa pelo específico, mas logo precisa deixá-lo para trás, dando o exemplo da liberdade de "ser irlandês" ou "ser mulher". E continua:

> Ironicamente, uma política da diferença ou da especificidade deve estar, antes de tudo, a serviço da causa da similaridade e da identidade universal — o direito de um grupo, vitimizado em sua particularidade, a ficar em pé de igualdade com outros no que diz respeito à sua autodeterminação. (...) Num movimento dialético, entretanto, essa mesma verdade deve ser deixada para trás tão logo é conquistada, pois a única razão de desfrutar essa igualdade abstrata universal é descobrir e viver a nossa diferença particular (McLaren, 1993, p. 25).

Touraine (1996) propõe algumas ideias para uma proposta de esquerda no quadro das transformações em curso na sociedade, tais como a internacionalização da economia, desenvolvimento acelerado das novas tecnologias, agravamento da exclusão social, ruptura do tecido social, aumento das desigualdades. Inicia pela *solidariedade* que significa estar ao lado dos excluídos e combater os efeitos das desigualdades sociais por meio de medidas concretas em favor dos desfavorecidos. Vem, em seguida, com a ideia de *liberdade do sujeito*, ou seja, o direito dos indivíduos de viver e de ser reconhecidos como sujeitos, capazes de fazer opções e respeitar as dos outros. A terceira ideia é a de *criar a diversidade* no sentido de reconhecimento do Outro, para ver em cada indivíduo a presença do universal e simultaneamente a do particular. É descobrir nos outros o esforço de subjetivação, i.e., de se constituírem como sujeitos na sua individualidade e na sua identidade cultural que é, afinal, o reconhecimento dos direitos humanos fundamentais.[9] A quarta, *saber conviver com as diferenças*, "fazer conviver, sob as mesmas leis, pessoas com crenças, concepções de vida e interesses diferentes" (p. 72), incluindo a recusa em encaixar as pessoas em modelos culturais dominantes herdados da modernidade.

O tratamento da questão ética na escola ainda depende de investigações mais consolidadas, mas constitui-

9. "É necessário reencontrar o universal em todos, homens e mulheres, gente com línguas, memórias e crenças diferentes, indivíduos com atividades, interesses e gostos diversos ou opostos. Criar a diversidade. Este é o principal objetivo da ação política, pois uma sociedade é moderna na medida em que é diversa e já não porque coloca todos os indivíduos, arrancados à sombra de sua memória, à luz crua da Razão" (*Ibidem*, p. 69).

-se um desafio aos educadores prepararem-se para ajudar os alunos nos problemas morais, tais como a luta pela vida, a solidariedade, a democracia, a justiça, a convivência com as diferenças, o direito de todos à felicidade e autorrealização.

* * *

As considerações formuladas neste texto promovem a valorização da escola e a dignificação do professor, mas não pretendem esconder os problemas. Políticas globais para a educação inexistem, e as medidas anunciadas pelo governo a título de "reformas" são tímidas, setorizadas e fragmentadas. Por outro lado, a escola que temos encontra-se distante do que propõem as análises, e a desqualificação profissional do professorado é notória, porque os cursos de formação não vêm acompanhando as mudanças. Junto com isso, vem se acentuando a tendência de desprofissionalização e de decréscimo do conceito social da profissão perante a sociedade. Entretanto, para enfrentarmos os desafios do avanço acelerado da ciência e da tecnologia, da mundialização da economia, da transformação dos processos de produção, do consumismo, do relativismo moral, é preciso fortalecer os movimentos sociais que lutam por um maciço investimento na educação escolar e na formação dos professores.

Para isso, há muitas tarefas pela frente, entre elas, a de resgatar a profissionalidade do professor, redefinir as características da profissão, fortalecer as lutas sindicais por salários dignos e condições de trabalho. É preciso, junto com isso, ampliar o leque de ação dos sindicatos envolvendo também a luta por uma formação de qualidade, por uma *cultura do profissionalismo*, de modo que a profissão ganhe mais credibilidade e dignidade profissional. É preciso, também, uma ligação maior da formação que se realiza na faculdade com a prática das escolas, trazendo os professores em exercício para a universidade, para discussão de problemas comuns. Seria fundamental que em cada escola os professores formassem uma equipe unida, centrando a organização dos professores no local de trabalho, em torno de projetos pedagógicos. As reflexões formuladas neste texto tiveram a pretensão de contribuir para a mobilização de professores em exercício, candidatos a professores, cursos de formação, para se unirem em torno da ideia de que *ensino de qualidade afinado com as exigências do mundo contemporâneo* é uma questão moral, de competência e de sobrevivência profissional.

Referências bibliográficas

AMIGUINHO, Abilio; CANÁRIO, Rui (Orgs.). *Escolas e mudanças*: o papel dos Centros de Formação. Lisboa: Educa, 1994.

ASSMANN, Hugo. Pedagogia da qualidade em debate. *Impulso*. Revista de Ciências Sociais da Unimep. Piracicaba, (16): 8-42, 1994.

CASTELLS, Manuel et al. *Novas perspectivas críticas em educação*. Porto Alegre: Artes Médicas, 1996.

CEPAL/UNESCO. *Educação e conhecimento*: eixo da transformação produtiva com equidade. Brasília: IPEA/CEPAL/INEP, 1995.

COLOM CAÑELLAS, Antônio J. La educación como comunicación. In: CASTILLEJO, José Luis et al. *Teoría de la educación*. Madrid: Taurus Universitaria, 1994.

COSTA, Márcio da. Crise do Estado e crise da educação: influência neoliberal e reforma educacional. *Educação & Sociedade*. Campinas, (49): 501-523, dez. 1994.

FÁVERO, Osmar et alii. Políticas educacionais no Brasil: desafios e propostas. *Cadernos de Pesquisa*. São Paulo, (83): 3-86, nov. 1992.

FAZENDA, Ivani A. C. *Interdisciplinaridade* — Um projeto em parceria. São Paulo: Loyola, 1991.

______. *Interdisciplinaridade*: história, teoria e pesquisa. Campinas: Papirus, 1994.

FORQUIN, Jean-Claude. *Escola e cultura. As bases sociais e epistemológicas do conhecimento escolar.* Porto Alegre: Artes Médicas, 1993.

FRIGOTTO, Gaudêncio. *Educação e a crise do capitalismo real*. São Paulo: Cortez, 1995.

______. A formação e profissionalização do educador: novos desafios. In: SILVA, Tomaz T. da & GENTILI, Pablo (Orgs.). *Escola S. A.* — Quem ganha e quem perde no mercado educacional do neoliberalismo. Brasília: CNTE, 1996.

GENTILI, Pablo A. A.; SILVA, Tomaz T. da (Orgs.). *Neoliberalismo, qualidade total e educação* — Visões críticas. Petrópolis: Vozes, 1994.

GIMENO SACRISTÁN, J. Currículo e diversidade cultural. In: SILVA, Tomaz T. da; MOREIRA, Antônio F. *Territórios contestados* — O currículo e os novos mapas políticos e culturais. Petrópolis: Vozes, 1995.

GIMENO SACRISTÁN, J. Reformas educacionais: utopia, retórica e prática. In: SILVA, Tomaz T. da; GENTILI, Pablo (Orgs.). *Escola*

S. A. — Quem ganha e quem perde no mercado educacional do neoliberalismo. Brasília: CNTE, 1996.

JAPIASSU, Hilton. *Interdisciplinaridade e patologia do saber*. Rio de Janeiro: Imago, 1976.

KENSKI, Vani M. O ensino e os recursos didáticos em uma sociedade cheia de tecnologias. In: VEIGA, Ilma P. A. *Didática*: o ensino e suas relações. Campinas: Papirus, 1996.

LIBÂNEO, José C. *Didática*. São Paulo: Cortez, 1995.

______. Pedagogia e modernidade: Presente e futuro da escola. In: GHIRALDELLI Jr., Paulo (Org.). *Infância, escola e modernidade*. São Paulo: Cortez, 1996a.

______. Exigências educacionais contemporâneas e meios de comunicação. *9º Encontro Nacional de Vídeo e Educação*, São Paulo: Senac, 1996b.

LUFTI, Eulina P. et alii. Rua e escola: compassos. In: PONTUSCHKA, Nídia N. (org.). *Ousadia no diálogo — Interdisciplinaridade na escola pública*. São Paulo: Loyola, 1993.

MACHADO, Lucília R. de S. A educação e os desafios das novas tecnologias. In: FERRETTI, Celso J. et al. *Novas tecnologias, trabalho e educação* — Um debate interdisciplinar. Petrópolis: Vozes, 1994.

McLAREN, Peter. Pós-modernismo, pós-colonialismo e Pedagogia. In: SILVA, Tomaz T. (Org.). *Teoria educacional crítica em tempos pós-modernos*. Porto Alegre: Artes Médicas, 1993.

NISBET, John & SHUCKSMITH, Janet. *Estrategias de aprendizaje*. Madrid: Santillana, 1994.

ONRUBIA, Javier. Enseñar: crear zonas de desarrollo próximo e intervir en ellas. In: COLL, César et al. *El constructivismo en el aula*. 2. ed. Barcelona: Editorial Graó, 1994.

PAIVA, Vanilda. O novo paradigma de desenvolvimento: educação, cidadania e trabalho. *Educação & Sociedade*. Campinas, (45): 309-329, ago. 1993.

PÉREZ GÓMEZ, Angel. O pensamento prático do professor — A formação do professor como profissional reflexivo. In: NÓVOA, António (Org.). *Os professores e sua formação*. Lisboa: Publicações Dom Quixote, 1992.

PERRENOUD, Philippe. *Práticas pedagógicas, profissão docente e formação* — Perspectivas sociológicas. Lisboa: Publicações Dom Quixote, 1993.

PONTUSCHKA, Nídia N. (Org.). *Ousadia no diálogo* — Interdisciplinaridade na escola pública. São Paulo: Loyola, 1993.

REZENDE E.; FUSARI, Maria F. Multimídias e formação de professores e alunos: Por uma produção social da comunicação escolar de cultura. *VII ENDIPE — Encontro Nacional de Didática e Prática de Ensino*. Goiânia, 1994.

SANTOS, Maria Eduarda V. M. dos. *Área escola/Escola* — Desafios interdisciplinares. Lisboa: Livros Horizonte, 1994.

SCHNETZLER, Roseli P. Do ensino como transmissão, para um ensino como promoção de mudança conceitual nos alunos: um processo (e um desafio) para a formação de professores de Química. *Cadernos Anped*. Belo Horizonte, (6): 55-89, out. 1994.

SILVA, Tomaz T. da. As novas tecnologias e as relações estruturais entre educação e produção. *Cadernos de Pesquisa*. São Paulo, (87): 3-96, nov. 1993.

SILVA, Tomaz T. da; GENTILI, Pablo (Orgs.). *Escola S. A.* — Quem ganha e quem perde no mercado educacional do neoliberalismo. Brasília: CNTE, 1996.

TOURAINE, Alain. *Carta aos socialistas*. Lisboa: Terramar, 1996.

VÁZQUEZ GÓMEZ, Gonzalo. Tecnologías avanzadas y educación. In: CASTILLEJO, José Luis et al. *Teoría de la educación*. Madrid: Taurus Universitaria, 1994.

ZEICHNER, Kenneth M. *A formação reflexiva de professores*: ideias e práticas. Lisboa: Educa, 1993.

ZEMELMAN, Hugo. El actual momento histórico y sus desafíos. *Cadernos Anped* (16ª Reunião Anual da Anped), Belo Horizonte, (6): 7-28, out. 1994.

II

AS NOVAS TECNOLOGIAS DA COMUNICAÇÃO E INFORMAÇÃO, A ESCOLA E OS PROFESSORES*

Educação e comunicação sempre andaram juntas na reflexão pedagógica. Frequentemente, esses termos foram tomados como sinônimos, outras vezes a comunicação foi tomada como uma dimensão da educação. Hoje em dia não faltam os que querem substituir a teoria da educação pela teoria da comunicação. Não desejo levar a questão por esse caminho, mas vou partir do entendimento de que educação e comunicação caminham juntas, mas não são a mesma coisa. O importante, de início, é reconhecer que as práticas educativas supõem processos comunicativos e, quero acentuar, *intencionais*, visando alcançar objetivos de formação humana. Por outro lado, toda comunicação é educativa, conforme escreveu no início do século o educador norte-americano John Dewey, porque ela é o processo de compartilhamento da experiência comum e, com

* O Autor agradece a Maria Felisminda de Rezende e Fusari sua contribuição na concepção deste texto.

isso, não só proporciona aos indivíduos disposições emocionais e intelectuais como provê experiência mais ampla e mais variada.

No campo da didática, é praticamente consensual entre autores contemporâneos a caracterização da docência como relação comunicacional intencional, no sentido de intercâmbio de significados entre o professor ou formador e os alunos, e dos alunos entre si, com intenção formativa.

Os vínculos entre práticas educativas e processos comunicativos estreitaram-se consideravelmente no mundo contemporâneo, ao menos, por duas fortes razões: os avanços tecnológicos na comunicação e informática e as mudanças no sistema produtivo envolvendo novas qualificações e, portanto, novas exigências educacionais. O impacto dessas novas realidades no ensino impõe ao menos três tipos de leitura: a pedagógica, a epistemológica e a psicocognitiva. Meu propósito neste texto é o de discutir algumas implicações da relação entre as exigências educacionais, novas tecnologias da comunicação e ensino, do ponto de vista pedagógico.

Uma leitura pedagógica dos meios de comunicação

O que pode ser entendido como uma leitura pedagógica dos meios de comunicação (NTCI)[1]? O que significa dizer que algo é pedagógico?

1. De agora em diante, utilizarei a sigla NTCI sempre que me referir às novas tecnologias da comunicação e informação. Quanto aos meios de comunicação aplicados à educação, ver nota 1, Cap. I.

A pedagogia é a teoria e a prática da educação. Utilizo o termo educação numa acepção bastante ampla. A prática educativa não se reduz à escola e ao ensino. A intervenção educativa ocorre em muitos lugares, mediante variadas formas, por meio de diversas agências. Há, portanto, agentes educativos convencionais — família, escola, comunidade —, como há instituições sociais, culturais, civis, recreativas, meios de comunicação etc. A escola, portanto, não detém o monopólio do saber.

Como se sabe, o conteúdo da educação varia de uma sociedade a outra segundo interesses de diversos segmentos sociais, interesses esses que se projetam em valores, aspirações, objetivos. A pedagogia intervém na prática educativa dando-lhe uma orientação de sentido e criando condições organizativas e metodológicas para sua viabilização, definindo seu traço mais característico: a intencionalidade. A intencionalidade implica perguntas como: quem e por que se educa, para que objetivos se educa, quais os meios adequados de se educar. A intencionalidade é, portanto, a dimensão ética e normativa da prática educativa, pela qual todos os tipos de educadores envolvem-se moralmente no trabalho que realizam. Essa posição obriga os educadores a levarem a sério, por exemplo, o entrecruzamento entre os interesses empresariais e os interesses da maioria da população, os conteúdos culturais veiculados pelas mídias, os efeitos pedagógicos dos meios de comunicação etc.

Uma importante decorrência dessas considerações é que todo trabalho profissional, em qualquer esfera da educação intencional, é um trabalho pedagógico. Todo profissional que atua em práticas de transmissão e assimilação de saberes é, em sentido amplo, um pedagogo. Ouso dizer que o programador de televisão ou de vídeo educativo, o criador de brinquedos, o conferencista ou teleconferencista, os professores de todos os níveis de ensino, são todos pedagogos.

Espero não estar trazendo muita novidade. A complexidade da vida social contemporânea e a consequente diversificação das atividades educativas resultam, ao mesmo tempo, em ampliação das ações pedagógicas. Nos meios profissionais, políticos, sindicais, empresariais, nos meios de comunicação social, nos movimentos da sociedade civil, assiste-se a uma redescoberta da pedagogia. Estamos diante de uma sociedade pedagógica.

Vejamos alguns exemplos. Está se acentuando o poder pedagógico dos meios de comunicação: televisão, imprensa escrita, rádio, revistas, quadrinhos. A mídia especializa-se em formar opinião e modificar atitudes, não apenas no campo econômico e político mas, especialmente, no campo moral. Vemos diariamente a veiculação, a disseminação de saberes e modos de agir, por meio de programas, vinhetas e chamadas sobre educação ambiental, AIDS, drogas, saúde. Há práticas pedagógicas nos jornais, nas rádios, na produção de material informativo, como livros didáticos e paradidáticos, enciclopédias, guias de turismo, mapas, vídeos, revistas; na criação e elaboração de jogos, brinquedos; nas empresas, há atividades de supervisão do trabalho, orientação de estagiários, formação profissional em serviço. Desenvolvem-se em todo lugar iniciativas de formação continuada nas escolas, nas indústrias. As administrações municipais e outras instituições até agora à margem do mundo pedagógico, como empresas, meios de comunicação, museus, bibliotecas, vêm colocando, entre seus objetivos, estratégias pedagógicas.

Qual é o sentido de dizer que muitos especialistas ligados aos meios de comunicação são, ao menos em sentido amplo, pedagogos? Por que minha insistência em trazer um discurso pedagógico num encontro de vídeo e educação? A resposta é simples. Fazer uma leitura pedagógica dos meios de comunicação é verificar a intencionalidade dos processos comunicativos (de natureza política, ética, psicológica, didática) presentes nas novas tecnologias da comunicação e da informação e nas formas de intervenção metodológica e organizativa. Isso ressalta a importância dos objetivos sociopolíticos dos processos comunicacionais e a discussão, pelos educadores, de uma proposta educacional, de um projeto cultural e educativo que tenha origem num projeto de gestão da sociedade.

Algumas relações problemáticas entre as NTCI e a educação

A literatura especializada tem acentuado as relações entre o sistema produtivo e o setor educacional, entre os avanços tecnológicos e as necessidades de formação. Quero destacar quatro delas que me parecem mais problemáticas:

- as necessidades do novo paradigma produtivo e a propalada universalização da escolarização básica;
- a multiplicidade dos meios de comunicação na sociedade informacional e a morte da escola;
- o uso da tecnologia informática na escola e a substituição da relação docente;
- o impacto das NTCI na escola e a pouca receptividade dos educadores escolares em relação aos processos de inovação tecnológica.

Escolarização e necessidades do novo paradigma produtivo

O novo paradigma produtivo acompanha o processo de internacionalização da economia, a globalização dos mercados, a intelectualização do processo produtivo, trazendo modificações no processo de produção, no perfil dos trabalhadores, nas relações de trabalho, nos hábitos de consumo etc. Arma-se um circuito integrado envolvendo os avanços tecnológicos, o novo modelo de produção e desenvolvimento, a qualificação profissional e a educação (Paiva, 1993). A nova economia da educação, em boa parte sustentada na inovação tecnológica, estaria supondo bases mínimas de escolarização que o capital precisaria para fazer frente a novas necessidades de qualificação e requalificação profissional, o que implicaria uma acentuação da formação geral.

Por um lado, a tendência de intelectualização do processo produtivo é visível. Outra coisa é acreditar que essa revalorização da formação geral nesse novo tipo de capitalismo tenha sentido democratizante. Na verdade, o chamado modelo neoliberal de educação estaria subordinando alvos político-sociais (equidade, cidadania, democracia) a intentos estritamente econômicos (desenvolvimento tecnológico, leis de mercado, competitividade internacional). Todavia, uma omissão dos educadores em relação às demandas sociais postas pelo novo paradigma do processo produtivo tenderia a ser prejudicial aos interesses dos setores sociais excluídos. A resistência a uma ampla difusão nas escolas públicas das novas tecnologias da informação e da comunicação, sob o argumento de estarem inseridas na lógica do mercado e da globalização cultural, teria como efeito mais exclusão e mais seletividade social, uma vez que sua não integração às práticas de ensino impediriam aos alunos oportunidades de recepção e emissão da informação, deixando-os desguarnecidos diante das investidas de manipulação cultural e política, de homogeneização de crenças, gostos e desejos, de substituição do conhecimento pela informação.

Não é justo, portanto, que ao lado da intensificação da produção e difusão da informação ocorra o alijamento de volumoso contingente da população dos resultados desse processo. Do ponto de vista de uma educação emancipatória, há que se reforçar a exigência do aprimoramento do ensino fundamental para a população excluída, a partir de parâmetros de qualidade diferenciados daqueles veiculados no discurso do neoliberalismo. Alguns autores vêm adotando a expressão "qualidade social da educação". É certo que os requisitos de democracia, cidadania, participação, direitos sociais, compõem o conceito de qualidade social. Mas tem importância peculiar a qualidade cognitiva dos processos de ensino e aprendizagem. Assmann (1995) faz um alerta incisivo: "se todas as demais condições necessárias melhorarem mas os alunos não aprenderem mais e melhor, não há melhoria na qualidade da educação".

Uma teoria crítica da educação proporia um processo formativo abrangendo a totalidade do ser humano, nas suas dimensões física, afetiva, cognitiva, não se reduzindo à dimensão econômica. Mas é preciso traduzir objetivos genéricos em metas e práticas mais específicas para as escolas. A associação de propósitos da educação emancipatória com as demandas das novas realidades sociais, econômicas, culturais, poderia estar apontando para as seguintes tendências:

— Qualificação mais elevada e de melhor qualidade de caráter geral do trabalhador, inclusive como condição para quebrar a rigidez da tecnologia, centrada no desenvolvimento de capacidades cognitivas e operativas encaminhadas para um pensamento autônomo, crítico, criativo.

— Capacitação tecnológica para que os trabalhadores possam exercer mais controle sobre suas condições de trabalho, de modo que não busquem competência apenas em tarefas fixas e previsíveis, mas compreendam a totalidade do processo de produção.

— Desenvolvimento de novas atitudes e disposições sociomotivacionais relacionadas com o trabalho: responsabilidade, iniciativa, flexibilidade de mudança de papéis e rápida adaptação a máquinas e ferramentas e formas de trabalho que envolvem equipes interdisciplinares e heterogêneas (Paiva, 1993).

— Capacitação para a cidadania e formação ética, para criar bases para uma sociedade organizada capaz de fazer o enfrentamento crítico da globalização.

Os educadores críticos estão desafiados a repensar objetivos e processos pedagógico-didáticos em sua conexão com as relações entre educação e economia, educação e sociedade técnico-científica-informacional, para além dos discursos contra o domínio do mercado e a exclusão social.

Sociedade informacional e morte da escola (desescolarização)

Outro posicionamento decorrente da análise do impacto das NTCI na educação é o de descartar o papel da escola na sociedade informacional. Numa sociedade caracterizada pela multiplicidade de meios de comunicação e informação, não teria lugar para a escola convencional, a escola do quadro-negro e giz.

Vendo as dificuldades da escola em acompanhar e utilizar as NTCI, alguns autores, já no início dos anos 1970, em plena época de expansão econômica, falavam de uma sociedade sem escolas. Assim, Illich, E. Reimer, McLuhan, P. Goodman, principalmente, anunciaram a possibilidade de suprir necessidades de formação em complexos centros de informação, por meio de novas tecnologias (TV, vídeo, computadores etc.). O jornal *Folha de S.Paulo*, de 29.7.96, publicou artigo do senador Darcy Ribeiro sobre sua ideia de criar uma Central de Tele-educação e Multimídia. A ideia do senador é criativa, mas parece compactuar com a onda desfavorável à escola convencional.

Obviamente, não se trata de negar os avanços tecnológicos, o uso mais ampliado de mídias e multimídias e os centros especializados de informação. Entretanto, quantas crianças e jovens podem usufruir destas condições? Sabemos que há um número imenso de crianças brasileiras que precisam da escola, que não dispõem dos aparatos informacionais. Na avaliação das NTCI, não podemos perder de vista o essencial, o critério sociopolítico, a desigualdade social.

Entretanto, a defesa da escola não se faz apenas pelo critério sociopolítico. Mesmo se houvesse uma acentuada oferta de meios de comunicação social extraescola, ainda assim haveria lugar para escola na sociedade tecnológica e da informação. Ela cumpre funções que não são providas por nenhuma outra instância. Se a curto prazo essas funções referem-se ao suprimento da formação geral, capacidade de ler, escrever, e formação científica básica e estética, a longo prazo é preciso pensar a escola convertendo-se num "espaço de síntese", configurando-se como "espaço de espaços" (Colom Cañellas, 1994).

Em parte, a escola de hoje já necessita constituir-se nesse espaço de síntese. Em muitos lugares, mesmo considerando a pobreza do interior da escola, já se vê uma sociedade culturalizada pela informação das multimídias (no nosso caso, basicamente, pela televisão). Noutros lugares, já se percebe a intervenção educativa urbana, não apenas pela presença das NTCI nas residências e nos afazeres cotidianos, como também a cada dia múltiplas instituições cívicas e sociais, políticas e culturais, vão pondo em prática planos e programas de cultura participativa em nível comunitário, pelo que nossas ruas e praças, museus, teatros etc. são frequentemente utilizados para desenvolver estratégias de intervenção educativa e obter uma culturalização ativa, não determinada, livre, experienciada, que também aporta toda uma série de valores muito positivos.

É verdade que esses fatos não podem ser generalizados, dada a heterogeneidade do país e a ausência de políticas educativas globalizadas. Nem a escola poderia substituir essa rica prática educativa em contextos informais. Pode, todavia, conectar-se com elas ao elaborar seus programas e planos pedagógicos.

Que significa essa ideia da escola como "espaço de síntese"? É considerá-la como lugar onde os alunos aprendem a razão crítica para poderem atribuir significados às mensagens e informações recebidas das mídias, multimídias e formas de intervenção educativa urbana. Várias pesquisas têm mostrado a fragmentação dos programas de TV, vídeos, da propaganda, que propiciam uma cultura em mosaico. À escola cabe prover as condições cognitivas e afetivas para o aluno poder reordenar e reestruturar essa cultura (Idem, 77).

A escola brasileira, especialmente a escola pública, não poderá ainda desfazer-se de um papel provedor de informação. Entretanto, aos poucos, pode ir se tornando cada vez mais uma estrutura possibilitadora de atribuição de significados da informação, propiciando aos alunos os meios de buscá-la, analisá-la, para dar a ela significado pessoal.

Junto a essa função reestruturante e organizadora das informações e aportes culturais recebidos multivariadamente, fazendo a síntese entre a cultura formal e a cultura experienciada, é necessário que a escola propicie não só o domínio de linguagens para busca de informação, mas também para a criação da informação. Ou seja, utilizando a linguagem comunicacional, à escola caberá não só sintetizar *reordenando e reestruturando* as diversas mensagens, como terá que articular, também, suas capacidades receptivas com suas possibilidades emissoras. Tais tarefas em função de uma nova funcionalidade da escola requerem uma nova atitude dos educadores perante as NTCI.

Tecnologia informática e substituição da relação docente

Junto com a instituição escolar, também são postas em questão as práticas convencionais de ensino e aprendizagem. A tecnologização do ensino incentiva a crença de que o computador e outras mídias podem substituir a relação pedagógica convencional. Cria-se, com isso, a ilusão tecno-informacional de que é possível a aprendizagem completa apenas com a presença do aluno diante dos equipamentos informáticos. Naturalmente não se trata de resistir à utilização das mídias no ensino, mas de denunciar a exclusão do educador e de outras mediações relacionais e cognitivas no processo de aprendizagem.

A tese da substituição da relação docente está obviamente associada a determinado paradigma de qualidade da educação em que importaria mais o *saber fazer* e o *saber usar* do que uma formação cultural sólida. Ou seja, o pensar eficientemente é uma questão de "saber como se faz algo". A aprendizagem não é mais do que o domínio de comportamentos práticos que transformem o aluno num sujeito competente em técnicas e habilidades.

Entretanto, descaracterizar o sentido da aprendizagem escolar em decorrência da presença das inovações tecnológicas é obviamente um equívoco. O valor da aprendizagem escolar está, precisamente, em introduzir os alunos nos significados da cultura e da ciência por meio de mediações cognitivas e interacionais que supõem a relação docente.

Por outro lado, é certo que as práticas docentes recebem o impacto das novas tecnologias da comunicação e da informação, provocando uma reviravolta nos modos mais convencionais de educar e ensinar. Mas o pedagogo acredita que a formação cultural básica é o suporte da formação tecnológica. Ou seja, a utilização pedagógica das tecnologias da informação pode trazer efeitos cognitivos relevantes, estes porém não podem ser atribuídos somente a essas tecnologias.

Impacto das NTCI e resistências dos educadores escolares

É sabido que os professores e especialistas de educação ligados ao setor escolar tendem a resistir à inovação tecnológica, e expressam dificuldade em assumir, teórica e praticamente, disposição favorável a uma formação tecnológica. Há razões culturais, políticas, sociais para essa resistência, que geram atitudes difusas e ambivalentes.

Por um lado, é verdade que, em nosso país, a associação entre educação e desenvolvimento tecnológico foi propiciada por uma visão tecnicista, no quadro da ditadura militar, gerando uma resistência de natureza política à tecnologia. Mas há, também, razões culturais e sociais como certo temor pela máquina e equipamentos eletrônicos, medo da despersonalização e de ser substituído pelo computador, ameaça ao emprego, precária formação cultural e científica ou formação que não inclui a tecnologia.

Tais resistências precisam ser trabalhadas na formação inicial e continuada de professores por meio de integração das NTCI nos currículos, de desenvolvimento de habilidades cognitivas e operativas para o uso das mídias e formação de atitudes favoráveis ao seu emprego e à inovação tecnológica em geral (Vazquéz Gómez, 1994).

Integração dos meios de comunicação na escola

Para que se utilizam as NTCI na educação? Qual é o lugar das NTCI na escola? Proponho os seguintes objetivos pedagógicos do uso das novas tecnologias e dos meios de comunicação:

a) Contribuir para a democratização de saberes socialmente significativos e desenvolvimento de capacidades intelectuais e afetivas, tendo em vista a formação de cidadãos contemporâneos. Mais precisamente, contribuir para aprimoramento das capacidades cognitivas, estéticas e operativas dos alunos: favorecer domínio de estratégias de aprendizagem, capacidade de transferência e comunicação do aprendido, análise e solução de problemas, capacidade de pensar criticamente etc.

b) Possibilitar a todos oportunidades de aprender sobre mídias e multimídias e a interagir com elas. Ou seja, propiciar a construção de conteúdos referentes à comunicação cultural (as que praticamos e as que praticam conosco), às tecnologias da comunicação e informação, às habilidades no uso dessas tecnologias, às atitudes críticas perante a produção social da comunicação humana e o mundo tecnológico.

c) Propiciar preparação tecnológica comunicacional, para desenvolver competências, habilidades e atitudes para viver num mundo que se "informatiza" cada vez mais.

d) Aprimorar o processo comunicacional entre os agentes da ação docente-discente e entre estes e os saberes significativos da cultura e da ciência.

A ideia básica de suporte dessa funcionalidade das NTCI é a de que os meios de comunicação social, isto é, as mídias e multimídias, compõem o conjunto das mediações culturais que caracterizam o ensino. Como intermediações culturais, são portadoras de ideias, emoções, atitudes, habilidades, e, portanto, traduzem-se em objetivos, conteúdos, métodos de ensino (Rezende e Fusari, 1994, p. 2-3). Essa função de mediação, tanto quanto as demais mediações do ensino, atua no sentido de prover condições e modos de assegurar a relação cognitiva e interativa dos alunos com os objetos de conhecimento. Incluem-se, portanto, entre os elementos didáticos propiciadores e mobilizadores das interações dos alunos com os conhecimentos, habilidades, atitudes e valores da cultura organizada.

Rezende e Fusari refere-se, também, a uma trama comunicacional de cultura existente na vida escolar, em que as comunicações sobre as pessoas e suas vidas veiculadas na televisão, vídeo, rádio, telas de computador, livros, jornais, revistas etc. entrecruzam-se com as concepções de mundo e as práticas comunicadas por educadores e educandos na sala de aula por meio do quadro de giz, das falas, dos livros, cadernos, ilustrações, vídeos, computadores etc. (Idem, p. 11).

Entendendo assim, as mídias apresentam-se, pedagogicamente, sob três formas: como conteúdo escolar integrante das várias disciplinas do currículo, portanto, portadoras de informação, ideias, emoções, valores; como competências e atitudes profissionais; e como meios tecnológicos de comunicação humana (visuais, cênicos, verbais, sonoros, audiovisuais) dirigidos para o ensinar a pensar, ensinar a aprender a aprender, implicando, portanto, efeitos didáticos como: desenvolvimento de pensamento autônomo, estratégias cognitivas, autonomia para organizar e dirigir seu próprio processo de aprendizagem, facilidade de análise e resolução de problemas etc.

Implicações pedagógico-didáticas

A compreensão que se propõe sobre a presença das NTCI na educação provoca uma reviravolta nas atitudes profissionais, tanto dos educadores escolares como dos criadores e realizadores de mídias. Os educadores escolares têm uma notória resistência à tecnologia e aos meios de comunicação eletrônicos. Quando muito, entendem a introdução das NTCI na escola como o uso do computador e do vídeo. Há, inclusive, indícios de que o uso do computador nas escolas dificilmente ultrapassa a experiência de aprender "sobre" o computador, raramente "no ou por meio do" computador. Tal como denuncia Rezende e Fusari, as mídias são utilizadas meramente como "recursos didáticos" ou como mais um ingrediente dos "recursos audiovisuais".

Diante da complexidade das relações comunicacionais no mundo contemporâneo, os educadores escolares precisam "aprender a pensar e a praticar comunicações midiatizadas" como requisito para a formação da cidadania. Não basta que os professores disponham, na escola, dos meios de comunicação ou apenas saberem usá-los. É preciso que aprendam a elaborar e a intervir no processo comunicacional que se realiza entre professores e alunos por meio de mídias (Rezende e Fusari, 1996). Contra uma ideia linear e mecânica sobre o uso das mídias,[2] é preciso que professores e alunos elaborem e transformem ideias, sentimentos, atitudes, valores, utilizando articuladamente múltiplas mídias, escolares e não escolares.

Sobre a necessidade de educar para a mídia, Belloni (1992) escreve que, com a perda relativa das funções de socialização sofrida pela escola e pela família, a televisão passa a ser um instrumento cada vez mais poderoso no processo de socialização. Um dos aspectos negativos dessa influência é a tendência à passividade e à dependência das crianças, prejudicando o desenvolvimento pleno de suas capacidades cognitivas e socioafetivas. Daí a necessidade de as escolas desenvolverem uma leitura crítica e uma postura ativa perante a mídia, ou seja, fazer uma educação para a mídia, para ensinar os jovens a dominar a linguagem televisual, para não serem dominados por ela.

Para isso, os cursos de formação de professores precisam garantir espaços para práticas e estudos sobre as mídias, sobre a produção social de comunicação escolar com elas e sobre como desenvolver competente comu-

---

2. "... vem contribuindo também para fragilizar a produção social da comunicação escolar com meios de comunicação, uma conceituação linear, infrutífera e ingênua sobre o que seja o processo de comunicação humana com mídias. Em outras palavras, encontra-se bastante enraizada no ideário de muitos professores a crença no poder de 'transferências de informações' para os alunos com simples 'presença', ou com o simples 'envio a distância' ou com o simples 'auxílio' de visuais, sons, audiovisuais nas práticas das aulas. Muitos educadores (...) pensam que uma comunicação escolar por inteiro realiza-se apenas com o envio a distância, para alunos nas aulas, de informações, por exemplo, através de vídeos, televisão, computadores" (Rezende e Fusari, 1996, p. 6).

nicação cultural com várias mídias. Em resumo, os educadores escolares precisam dominar um saber sobre produção social de comunicação cultural e um saber ser comunicador escolar com mídias e multimídias (Rezende e Fusari, 1994, p.15). Precisam apropriar-se da tecnologia da comunicação para "provocar uma reflexão crítica e questionadora em relação à busca e elaboração da informação articulada à produção social da vida individual e coletiva" (Cortelazzo, 1996, p. 2).

Em relação aos produtores e criadores de mídias, é legítima a preocupação manifestada por educadores que juntam educação e comunicação: preocupam-se excessivamente com os meios e esquecem-se das mediações culturais e educacionais. Ou seja, o fascínio pela apresentação visual, pelo som, pela tecnologia, deixa em segundo plano o fator pedagógico, ético, psicocognitivo, didático. Descuida-se dos objetivos, dos valores, da veracidade, precisão e integridade da informação veiculada.

Há muitas outras questões que envolvem o tema da educação e dos meios de comunicação como a pesquisa, a avaliação pedagógica dos programas informáticos, os efeitos psicocognitivos e atitudinais dos programas, o caráter político-ideológico dos meios de comunicação social. São temas bastante novos, especialmente para os educadores escolares, que precisam ser urgentemente incluídos na formação inicial e na formação continuada de educadores escolares.

Minha intenção foi apresentar alguns pontos que a nós, pedagogos, nos parecem cruciais. A didática contemporânea não pode mais ignorar esse importante conteúdo que são as tecnologias da comunicação e da informação, tanto como conteúdo escolar quanto como meios educativos. É na escola que se pode fazer, professores e alunos juntos, a leitura crítica das informações e familiarizá-los no uso das mídias e multimídias.

Referências bibliográficas

ASSMANN, Hugo. Sobre a qualidade cognitiva das experiências de aprendizagem. *XVII Simpósio Brasileiro de Administração da Educação*. Brasília, nov. 1995. Mimeo.

BELLONI, Maria L. *O papel da televisão no processo de socialização*. Florianópolis: Oficina Pedagógica de Multimídia. Faculdade de Ciências da Educação da UFSC, 1992.

COLOM CAÑELLAS, Antônio J. C. La educación como comunicación. In: CASTILLEJO, José Luis et al. *Teoría de la educación*. Madrid: Taurus Universitaria, 1994.

CORTELAZZO, Iolanda B. C. Internet e diálogos de alunos de pedagogia sobre comunicação televisiva. VIII ENDIPE — Encontro Nacional de Didática e Prática de Ensino. Florianópolis, 1996.

KENSKI, Vani M. O ensino e os recursos didáticos em uma sociedade cheia de tecnologias. In: VEIGA, Ilma A. (Org.). Didática: o ensino e suas relações. Campinas: Papirus, 1996.

PAIVA, Vanilda P. O novo paradigma de desenvolvimento: educação, cidadania e trabalho. *Educação & Sociedade*. Campinas, (45): 309-326, ago. 1993.

REZENDE E FUSARI, Maria F. TV, recepção e comunicação na formação inicial de professores em cursos de pedagogia. *VIII*

ENDIPE – Encontro Nacional de Didática e Prática de Ensino. Florianópolis, 1996.

______. Multimídias e formação de professores e alunos: Por uma produção social da comunicação escolar de cultura. *VII ENDIPE – Encontro Nacional de Didática e Prática de Ensino*. Goiânia, 1994.

VÁZQUEZ GÓMEZ, Gonzalo. Tecnologías avanzadas y educación. In: CASTILLEJO, José Luis et al. *Teoría de la educación*. Madrid: Taurus Universitaria, 1994.

III

SOBRE QUALIDADE DE ENSINO E SISTEMA DE FORMAÇÃO INICIAL E CONTINUADA DE PROFESSORES
Notas preliminares

Os fatos contemporâneos ligados aos avanços científicos e tecnológicos, à globalização da sociedade, à mudança dos processos de produção e suas consequências na educação, trazem novas exigências à formação de professores, agregadas às que já se punham até este momento. Este processo recente, configurando uma virada no interior do modo de produção capitalista, ao mesmo tempo que traz benefícios à humanidade pelo crescente avanço científico e tecnológico é, também, fator de ampliação da exclusão social. Enquanto leva à ampliação das possibilidades e vantagens para a vida de uns poucos, para a grande maioria da população elas se reduzem. Por um lado, intensifica a busca de conhecimentos e propicia um nível de informação jamais visto, por outro, volumoso contingente da população é alijada desses mesmos conhecimentos pela má qualidade da oferta da escolarização. Em face desses problemas, faz-se necessária uma reavaliação das relações entre escola e sociedade, entre informação e conhecimento, entre as fontes de informação providas pelos meios de comunicação e o trabalho escolar realizado pelo professor.

Verifica-se que tanto os agentes do capital como os trabalhadores reivindicam um nível elevado de escolarização, embora cada segmento postule uma escola a seu modo, com seus próprios critérios de *qualidade de ensino*. As propostas de educação vinculadas aos interesses do capitalismo mundial têm sido amplamente analisadas e criticadas (cf. por exemplo, Paiva & Warde, 1993, Paiva, 1993, Costa, 1994, Frigotto, 1995). Já de um ponto de vista democrático, de uma educação emancipatória, é crucial a formulação de um projeto de educação escolar que se posicione em relação às obrigações sociais do Estado, à organização do sistema nacional de ensino e aos temas mais recorrentes da questão escolar: gestão, currículo, avaliação institucional, profissionalização de professores e processo de ensino e aprendizagem. Tal projeto inevitavelmente remete ao aprimoramento da educação básica para todos e, consequentemente, de investimento na formação de professores. O professorado, diante das novas realidades e da complexidade de saberes envolvidos presentemente na sua formação profissional, precisaria de formação teórica mais aprofundada, capacidade operativa nas exigências da profissão, propósitos éticos para lidar com a diversidade cultural e a diferença, além, obviamente, da indispensável correção nos salários, nas condições de trabalho e de exercício profissional.

Tem sido notório o investimento de agências financeiras internacionais (Banco Mundial, OCDE etc.) e dos governos de boa parte dos países na elaboração de novas propostas educacionais dentro das políticas de ajuste ao modelo econômico neoliberal. Os documentos que apresentam essas propostas utilizam amplamente a expressão *sociedade do conhecimento*, identificada como uma das características marcantes do mundo contemporâneo. Nesta nova configuração de sociedade, a geração de novos conhecimentos estaria diretamente associada ao desenvolvimento científico e à inovação tecnológica. Os produtos da tecnologia apareceriam não só como meios de consumo, influindo poderosamente na educação informal, mas também como meios de produção, impondo mudanças qualitativas nos processos educativos de tipo formal e não formal. Diante das transformações na produção e da modificação do perfil dos trabalhadores, a escolarização formal deveria pautar-se em processos ativadores de novas capacidades intelectuais, nível mais elevado de abstração, de rapidez de raciocínio, de visão global do processo de trabalho. As novas tecnologias da comunicação e informação seriam aplicadas para desenvolver competências cognitivas e operacionais por meio de uma nova racionalidade nos processos de aprendizagem baseada na informática. Surgiria daí o *paradigma da qualidade* em que o conhecimento implicaria mais o *saber fazer* do que o saber, ou seja, o pensar eficientemente seria uma questão de "saber como se faz algo". Isso implicaria, mais do que o conhecimento de fatos específicos, "o de regras de atuação de tipo geral, potencialmente úteis em situações diversas e o (conhecimento) de situações em que tais regras são aplicáveis" (Tapia, 1989). Essa tendência expressa, no campo pedagógico, a orientação neotecnicista que, aliada à transferência de processos organizacionais da empresa privada, compõe o movimento denominado Qualidade Total.

Têm se avolumado entre os educadores de esquerda estudos críticos em relação a essa concepção de educação integrante do paradigma neoliberal de economia e ao movimento da qualidade total em educação, mas poucos deles têm se dedicado a investigar os ingredientes de uma proposta de qualidade de ensino de conotação emancipatória[1] em face do atual contexto histórico-social.

---

1. A expressão "educação emancipatória" está sendo empregada aqui provisoriamente para indicar o conteúdo que, até há alguns anos, cobria o termo "educação crítica" ou educação progressista, democrática etc. Para identificar uma visão crítica oposta à "qualidade total", alguns autores utilizam o termo "qualidade social da educação". A questão que importa acentuar é a necessidade de se ir mais adiante do que as análises generalistas de setores da esquerda e de seguidores do chamado pensamento crítico pós-moderno, no que se refere à qualidade da escola e do ensino. Assmann é bastante incisivo sobre isso: "As posições extremas costumam ter fãs assegurados, porque estranhamente muita gente se sente cômoda usando viseiras que as dispensam do esforço de olhar em volta. De modo que não é fácil navegar serenamente por entre os dois escolhos, o do deslumbramento ingênuo e acrítico diante da retórica sobre a qualidade, por uma parte, e o da execração ideológica e do rechaço paralisador, pela outra. (...) Se queremos, de fato, questionar determinados aspectos da onda qualidade (...) é preciso deslocar o debate prioritariamente para a reflexão sobre as relações comunicativas e as formas bio-organizativas mediante as quais surge e se estrutura o conhecimento nas corporeidades vivas de docentes e alunos. (...) Se todas as demais condições necessárias melhorarem, mas os alunos não aprenderam mais e melhor, não há melhoria na qualidade da educação" (1995). Esse autor recusa a ideia de qualidade da educação baseada na lógica do mercado e recoloca a questão pro-

No capítulo I deste livro já apontei a relevância desses estudos. Entretanto, penso que é preciso reconhecer o peso das transformações em curso, implicando, de fato, mudanças no perfil da educação e das escolas e no seu papel na formação geral, na preparação tecnológica, na formação da cidadania crítica. Em relação ao seu papel institucional, as escolas precisam ampliar seus intercâmbios com a comunidade, com a cidade, com as empresas e outras instâncias profissionais; precisam, ao mesmo tempo, redescobrir sua identidade para diferenciar-se de outras instituições educativas como família, mídias, organizações culturais. A escola de hoje precisa propor respostas educativas e metodológicas em relação a novas exigências de formação postas pelas realidades contemporâneas como a capacitação tecnológica, a diversidade cultural, a alfabetização tecnológica, a superinformação, o relativismo ético, a consciência ecológica. Pensar num sistema de formação de professores supõe, portanto, reavaliar objetivos, conteúdos, métodos, formas de organização do ensino, diante da realidade em transformação.

Novas orientações pedagógico-curriculares

A investigação didática atual tem destacado algumas linhas de ação pedagógico-didáticas compatíveis com

---

pondo que se dê mais atenção às experiências de aprendizagem "que façam com que os seres humanos possam andar de cabeça erguida lutando por sua dignidade numa sociedade onde caibam todos".

propostas educacionais de cunho emancipatório. São, entre outras:

- um papel ativo dos sujeitos na aprendizagem escolar, professores e alunos cúmplices perante os objetos de conhecimento mediante o diálogo;
- construção de conceitos articulados com as representações dos alunos;
- aprendizagem do pensar criticamente, implicando o desenvolvimento de competências cognitivas do *aprender a aprender* e instrumentos conceituais para interpretar a realidade e intervir nela;
- introdução de práticas interdisciplinares;
- valorização do vínculo entre o conhecimento científico e sua funcionalidade na prática;
- integração da cultura escolar com a outras culturas que perpassam a escola;
- reconhecimento da diferença e da diversidade cultural;
- explicitação de valores e atitudes por meio do currículo.

Especialmente em relação ao ensino do aprender a aprender, o que está em causa são as competências do pensar que levam à reflexão. A esse respeito escreve Santos:

> Um dos grandes desafios que se põe ao desenvolvimento do currículo (...) é o de contemplar experiências de aprendizagem que permitam construir estratégias que ajudem o aluno

> a utilizar de forma consciente, produtiva e racional o seu potencial de pensamento e que permitam torná-lo consciente das estratégias de aprendizagem a que recorre para construir (reconstruir) os seus conceitos, atitudes e valores (Santos, 1994, p. 101).

Uma questão crucial que decorre dessa perspectiva é saber que experiências de aprendizagem possibilitam mais qualidade cognitiva no processo de construção e reconstrução de conceitos, procedimentos e valores. Em outros termos: que recursos intelectuais, que estratégias de aprendizagem podem ajudar os alunos a tirar proveito do seu potencial de pensamento e tomarem consciência de seus próprios processos mentais.

A formação de professores e o ensino como atividade crítico-reflexiva

Como avaliar as práticas de formação de professores em relação a esses requisitos? Diversos estudos têm apontado os problemas de formação inicial e continuada do professor. Critica-se a rigidez curricular e metodológica dos cursos de formação e o desligamento da prática. As iniciativas de formação continuada, geralmente na forma de "treinamentos", vêm sendo bastante contestadas como mostram alguns trabalhos.[2] Além disso, o professorado enfrenta críticas depreciadoras vindas de vários

---

2. Ver, por exemplo, Fusari, 1988, Guimarães, 1992. Por outro lado, há relatos de experiências bem-sucedidas (cf., por exemplo, *Cadernos Cedes*, n. 36, 1995).

pontos, levando a um incômodo desprestígio da sua profissão. Entretanto, é certo que formação geral de qualidade dos alunos depende de formação de qualidade dos professores.

Praticamente todas as reformas educativas desencadeadas por volta dos anos 1980 em vários países destacam medidas relacionadas com a formação e profissionalização dos professores para atendimento de novas exigências geradas pela reorganização da produção e da mundialização da economia. Em países como França, Espanha, Portugal, as medidas corresponderiam às seguintes tendências:

- formação e profissionalização de professores como suporte das reformas educativas;
- recusa do professor técnico em favor do professor reflexivo;
- articulação direta da formação inicial com as demandas práticas das escolas, de modo que os critérios de elaboração do currículo de formação inicial sejam buscados nas experiências de formação continuada;
- adoção da ideia de escola como unidade básica de mudança, ou seja, a formação teria como referência o local de trabalho;
- criação de Centros de Formação (rede de escolas) sob responsabilidade e iniciativa das escolas e dos professores;
- criação de Institutos Superiores de Educação junto ao Instituto de Ciências da Educação, com

um Centro de Apoio à formação continuada de professores;

- centração do processo de formação em três dimensões: *pessoal* (articular os processos de autoformação e a experiência do professor), *profissional* (professores produzindo sua profissão juntando saberes da experiência com o saber científico e pedagógico), *organizacional* (a escola como ambiente educativo e local de trabalho coletivo, associando práticas formativas e contextos de trabalho) (Nóvoa, 1992, Pimenta, 1997).
- orientação da investigação-ação em função do pensamento do professor, do professor investigador, do aprender a aprender.

Os documentos ressaltam, também, preocupações com a profissionalização docente implicando salários, condições de trabalho, melhor qualificação, mais estabilidade das equipes docentes nas escolas, tudo isso como condição para a reconfiguração da identidade profissional e melhoria da imagem do professor, inclusive para aumentar o número de candidatos à profissão.

Especificamente quanto às práticas de formação de professores, a tendência investigativa mais recente e mais forte é a que concebe o ensino como atividade reflexiva. Trata-se de um conceito que perpassa não apenas a formação de professores como também o currículo, o ensino, a metodologia de docência. A ideia é a de que o professor possa "pensar" sua prática, ou em outros termos, que o professor desenvolva a capacidade reflexiva sobre sua própria prática. Tal capacidade implicaria por parte do professor uma intencionalidade e uma reflexão sobre seu trabalho. Para Zeichner (1993), o movimento da prática reflexiva atribui ao professor um papel ativo na formulação dos objetivos e meios do trabalho, entendendo que os professores também têm teorias que podem contribuir para a construção de conhecimentos sobre o ensino.[3]

Uma posição mais ampliada sobre o assunto seria a de que, junto à ideia de os sujeitos da formação inicial e continuada submeterem os problemas da prática docente a uma crítica reflexiva, desenvolvam simultaneamente uma apropriação teórica da realidade em questão. Quero destacar a necessidade da reflexão sobre a prática para a apropriação e produção de teorias, como marco para as melhorias das práticas de ensino. Trata-se da formação do profissional crítico-reflexivo, na qual o professor é ajudado a compreender o seu próprio pensamento e a refletir de modo crítico sobre sua prática. A ideia é assim definida por Contreras:

> Qualquer processo de reflexão que se empreenda, maneja obrigatoriamente a relação entre este conjunto de pensa-

---

3. O tema do professor como profissional reflexivo tem aparecido em vários autores (cf. Nóvoa, 1992). É preciso, todavia, certa cautela quanto à valorização do pensamento e do saber de experiência do professor, para não ocorrer uma recaída no populismo pedagógico em que se quer descobrir uma "essência" de professor, na sua cotidianeidade, na sua experiência, na sua ingenuidade, insegurança, infelicidade... atendo-se exclusivamente ao mundo de sua experiência corrente, sem ajudá-lo a tomar consciência de suas práticas (muitas delas são inadequadas) e a desenvolver as competências necessárias para o desempenho profissional. Aí é que se destaca o papel da teoria, não como direção da prática, mas como apoio à reflexão sobre a prática.

mentos, ações a realizar e as que realmente se realizam. O que a reflexão pretende é sempre melhorar estas relações. Quer dizer, a reflexão é um modo mais ou menos crítico e rigoroso que temos de tratar problemas práticos, a forma de se enfrentar as discrepâncias entre o que ocorre em nossas ações e as previsões que tínhamos para elas (1990).

Sabe-se que são consideráveis as deficiências do professorado em relação ao aprender a pensar, de modo que eles próprios necessitam dominar estratégias de pensar e de pensar sobre o próprio pensar. Tais questões levam as instituições formadoras a perguntas como: Como ajudar os professores a se apropriarem da produção de pesquisa sobre educação e ensino? O que significa "qualidade de ensino" numa sociedade em que caibam todos? Como potencializar a competência cognitiva e profissional dos professores? Como enriquecer as experiências de aprendizagem de modo que os futuros professores aprendam a pensar? Como introduzir mudanças nas práticas escolares, partindo da reflexão na ação? Que ingredientes do processo de ensino e aprendizagem (e que integram, também, as práticas de formação continuada em serviço) levam a promover uma aprendizagem que modifica o sujeito e o torna construtor de sua própria aprendizagem?

Se quisermos, pois, que o professor trabalhe numa abordagem socioconstrutivista,[4] e que planeje e promova na sala de aula situações em que o aluno estruture suas

---

4. O autor deseja ressaltar para a presente edição deste livro que, atualmente, prefere utilizar a expressão "abordagem histórico-cultural" ao invés de "abordagem socioconstrutivista" para demarcar com mais precisão suas premissas teóricas em relação ao ensino e à formação de professores.

ideias, analise seus próprios processos de pensamento (acertos e erros), expresse seus pensamentos, resolva problemas, numa palavra, *faça pensar*, é necessário que seu processo de formação tenha essas características. Parece claro que às inovações introduzidas no ensino das crianças e jovens correspondam mudanças na formação inicial e continuada de professores.

Todavia, tanto em relação à formação das crianças e jovens quanto à formação de professores, importa não apenas buscar os meios pedagógico-didáticos de melhorar e potencializar a aprendizagem pelas competências do pensar, mas também de ganhar elementos conceituais para a apropriação crítica da realidade. É preciso associar o movimento do ensino do pensar ao processo da reflexão dialética de cunho crítico, a crítica como forma lógico-epistemológica. Pensar é mais do que explicar, e para isso as escolas e as instituições formadoras de professores precisam formar sujeitos pensantes, capazes de um pensar epistêmico, ou seja, sujeitos que desenvolvam capacidades básicas de pensamento, elementos conceituais, que lhes permitam, mais do que saber coisas, mais do que receber uma informação, colocar-se ante a realidade, apropriar-se do momento histórico para pensar historicamente essa realidade e reagir a ela (Zemelman, 1994).

Estamos diante de uma proposta de formação inicial e continuada de professores que tem correspondência com as concepções mais novas do processo de ensino e aprendizagem. Ela se contrapõe às tendências correntes dos sistemas de ensino de "treinar" professores, oferecer cursos "práticos", passar "pacotes" de novas teorias e metodologias distanciados do saber da experiência dos professores.[5]

Em suma, o repensar a formação inicial e continuada de professores implica, a meu ver:

- busca de respostas aos desafios decorrentes das novas relações entre sociedade e educação, a partir de um referencial crítico de qualidade de ensino. Isto supõe levar em conta os novos paradigmas da produção e do conhecimento, subordinando-os a uma concepção emancipadora de qualidade de ensino;
- uma concepção de formação do professor crítico-reflexivo, dentro do entendimento de que a prática é a referência da teoria, a teoria o nutriente de uma prática de melhor qualidade;
- utilização da investigação-ação como uma das abordagens metodológicas orientadoras da pesquisa;
- adoção da perspectiva sociointeracionista do processo de ensino e aprendizagem;
- competências e habilidades profissionais em novas condições e modalidades de trabalho, indo além de suas responsabilidades de sala de aula,

5. Não me refiro à elaboração de propostas curriculares nacionais ou estaduais que, a meu ver, são necessárias como orientação geral, sem caráter impositivo, mas que asseguram uma unidade na formulação de conteúdos básicos comuns de formação geral. Tais propostas sempre precisam ser retraduzidas em nível regional e local, incorporando a cultura da comunidade e das escolas, a experiência dos professores, a diversidade social e cultural dos alunos.

como membro de uma equipe que trabalha conjuntamente, discutindo no grupo suas concepções, práticas e experiências, tendo como elemento norteador o projeto pedagógico.

Ideias para a reorganização do sistema nacional de formação de professores

A situação da profissão

As considerações anteriores apontam para a necessidade de se olhar com mais decisão a questão da profissionalização dos professores do nosso país. Vivemos, com razão, um surto de pessimismo. A cada dia que passa aumentam os paradoxos entre a profissionalização e o profissionalismo. Se é verdade que sem profissionalização fica difícil o profissionalismo, sem profissionalismo torna-se cada vez mais inviável o ensino de qualidade.

A desprofissionalização afeta diretamente o *status* social da profissão em decorrência dos baixos salários, precária formação teórico-prática, falta de carreira docente, deficientes condições de trabalho. Com o descrédito da profissão, as consequências são inevitáveis: abandono da sala de aula em busca de outro trabalho, redução da procura dos cursos de licenciatura, escolha de cursos de licenciatura ou pedagogia como última opção (em muitos casos, são alunos que obtiveram classificação mais baixa no vestibular), falta de motivação dos alunos matriculados para continuar o curso.

O senso de profissionalismo, obviamente, está em baixa. Profissionalismo significa compromisso com um projeto político democrático, participação na construção coletiva do projeto pedagógico, dedicação ao trabalho de ensinar a todos, domínio da matéria e dos métodos de ensino, respeito à cultura dos alunos, assiduidade, preparação de aulas etc. É difícil aos professores assumirem os requisitos profissionais e éticos da profissão com os baixos salários, com a preparação profissional deficiente, com a baixa autoestima que vai tomando conta de sua personalidade. Além disso, estão ausentes programas de formação continuada em serviço e, quando existem, são inadequados, não motivam os professores, não se traduzem em mudanças na sala de aula. Esse quadro se reflete no exercício profissional dos professores. Cai seu interesse pela autoformação, pela busca de ampliação de cultura geral (que não é realimentada por falta de dinheiro, falta de tempo, falta de motivação), rebaixa seu nível de expectativa em relação aos aspectos de desenvolvimento pessoal e profissional. As escolas não conseguem se organizar para assegurar um ambiente de trabalho formativo.

As práticas de formação inicial nas universidades e cursos de formação do magistério acabam reféns do mesmo quadro descrito. Aliás, o diagnóstico é um só, os problemas vão se reproduzindo em cadeia em cada nível de formação. As universidades formam mal os futuros professores, os professores formam mal os alunos. Poucas universidades brasileiras têm uma política definida em relação à formação de professores para o ensino fundamental e médio. Há um desinteresse geral dos Institutos e Faculdades pelas licenciaturas. Com isso, os professores saem despreparados para o exercício da profissão, com um nível de cultura geral e de informação extremamente baixo, o que resulta num segmento de profissionais sem as competências pessoais e profissionais para enfrentar as mudanças gerais que estão ocorrendo na sociedade contemporânea.

Do ponto de vista do sistema de ensino, as propostas de intervenção em nível federal têm sido, ainda, bastante modestas, porque não tratam a questão no seu conjunto. A vinculação da política educacional nacional às diretrizes do Banco Mundial (que induz as reformas educativas nos países periféricos) tem provocado situações ambivalentes. Por um lado, acentua-se a necessidade de uma nova qualidade educativa implicando mudanças nos currículos, na gestão educacional, na avaliação dos sistemas e, em especial, na profissionalização dos professores. Por outro, impõem-se medidas restritivas a investimentos públicos (inclusive pagamento de salários e financiamento da formação), por causa das exigências de reorganização do Estado.[6] Ou seja, quer-se uma educação eficaz e bara-

---

6. É certo que as ambivalências não param aí. Nóvoa, por exemplo, faz uma sugestiva ilustração das formas de enfraquecimento da força do professorado. Ele apresenta as várias relações possíveis entre os elementos implicados no exercício do magistério por meio de três triângulos. No primeiro, em cada um dos vértices estão os professores, os alunos e o saber. Hoje estaria sendo reforçado o eixo saber-alunos, em que se valorizaria a relação individualizada do aluno com o equipamento informacional, ocorrendo o eclipsamento do professor. Ou seja, a tecnologização exacerbada do ensino estaria desvalorizando a mediação relacional e cognitiva dos professores. O segundo triângulo mostra nos seus vértices: os professores, o Estado e os pais/comunidade. Em função de uma reorganização dos modos de intervenção do Estado nas políticas de educação (em que se adotaria

ta, dentro da lógica economicista, o que gera ambivalência entre as intenções declaradas e o provimento das condições efetivas de realização dessas intenções.

Não são apenas os professores das redes públicas que estão perdendo o interesse pelo magistério ou deixando a profissão. Também nas universidades os pesquisadores que se dedicavam ao estudo de questões do ensino e da sala de aula estão preferindo temas mais gerais, análises críticas globalizantes. Está diminuindo sensivelmente o interesse pelas práticas de ensino, e não faltam pesquisadores superengajados na denúncia das mazelas do ensino, da interferência dos organismos internacionais, que lançam olhar de desdém sobre as pesquisas voltadas para a sala de aula. Ou seja, a desvalorização econômica e social do magistério, além de comprometer o *status* social da profissão, também retira o *status* acadêmico dos campos de conhecimentos que lhe correspondem, tornando o ensino uma linha de pesquisa menos "nobre". Não é casual, por exemplo, a pouca valorização dos cursos de licenciaturas nas universidades e a insuficiência de pesquisas nesse campo.

---

na escola práticas de gestão da empresa privada, como qualidade total, educação a serviço dos clientes etc.), estaria havendo um conluio entre o Estado e a comunidade, valorizando a relação Estado-pais, levando a uma redução do poder dos professores. O terceiro triângulo mostra a coexistência de três tipos de saberes: o saber da experiência (dos professores), o saber dos especialistas (sociólogos, psicólogos, pedagogos) e o saber das disciplinas específicas. A tendência hoje seria de uma ligação entre o saber dos especialistas e o saber das disciplinas, com a consequente desvalorização do saber do professor. Os programas oficiais para a qualificação do professorado em âmbito nacional tenderiam, nesse caso, a caracterizar-se como treinamento em técnicas e habilidades e não na preparação do professor crítico-reflexivo (Nóvoa, 1995).

Não há soluções milagrosas para esses problemas. Todavia, é provável que alguns deles poderiam ser minimizados se a profissão de professor fosse bem remunerada. Na França, onde os professores com mais tempo de trabalho têm um salário aproximado de 3 mil reais e não há diferença de remuneração entre os que trabalham na educação infantil, no ensino fundamental e médio, há uma espécie de vestibular com grande concorrência para ingressar no Instituto de Formação de Professores (instituição equivalente à nossa licenciatura, mas com funcionamento autônomo, após o curso que chamamos aqui de bacharelado). Presume-se que, onde a profissão é valorizada, a procura dos cursos aumenta, a formação melhora, o exercício profissional ganha qualidade.

Quanto às práticas de formação, algumas mudanças de concepção e de estrutura podem proporcionar efeitos positivos no exercício profissional dos professores, como se propõe a seguir.

A reorganização das práticas de formação

As investigações recentes sobre formação de professores apontam como questão-chave o fato de que os professores desempenham uma atividade teórico-prática. É difícil pensar na possibilidade de educar fora de uma situação concreta e de uma realidade definida. A profissão de professor combina sistematicamente elementos teóricos com situações práticas reais. Por essa razão, ao se pensar um currículo de formação, a ênfase na prática como atividade formadora aparece, à primeira vista, como exercício formativo para o futuro professor. Entretanto, em termos mais amplos, é um dos aspectos centrais na formação do professor, em razão do que traz consequências decisivas para a formação profissional.

Atualmente, em boa parte dos cursos de licenciatura, a aproximação do futuro professor à realidade escolar acontece após ter passado pela formação "teórica" tanto na disciplina específica como nas disciplinas pedagógicas. O caminho deve ser outro. Desde o ingresso dos alunos no curso, é preciso integrar os conteúdos das disciplinas em situações da prática que coloquem problemas aos futuros professores e lhes possibilite experimentar soluções, com a ajuda da teoria. Isso significa ter a prática, ao longo do curso, como referente direto para contrastar seus estudos e formar seus próprios conhecimentos e convicções. Isso quer dizer que os alunos precisam conhecer o mais cedo possível os sujeitos e as situações com que irão trabalhar. Significa tomar a prática profissional como instância permanente e sistemática na aprendizagem do futuro professor e como referência para a organização curricular.

Significa, também, a articulação entre formação inicial e formação continuada. Por um lado, a formação inicial estaria estreitamente vinculada aos contextos de trabalho, possibilitando pensar as disciplinas com base no que pede a prática; cai por terra aquela ideia de que o estágio é aplicação da teoria. Por outro, a formação continuada, a par de ser feita na escola a partir dos saberes e experiências dos professores adquiridos na situação de trabalho, articula-se com a formação inicial, indo os professores à universidade para uma reflexão mais apurada sobre a prática. Em ambos os casos, estamos diante de modalidades de formação em que há interação entre as práticas formativas e os contextos de trabalho. Com isso, institui-se uma concepção de formação centrada na ideia de escola como unidade básica da mudança educativa, em que as escolas são consideradas "espaços institucionais para a inovação e melhoria e, simultaneamente, como contextos privilegiados para a formação contínua de professores" (Escudero & Botia, 1994).

A título de exemplo, apresento a seguir sugestões de formas institucionais de articulação entre formação inicial e formação continuada nos cursos normais, no curso de Pedagogia e nos cursos de licenciatura para o ensino fundamental e médio.

O *curso normal*, como se sabe, foi mantido no sistema de ensino pela atual LDB (Lei n. 9.394/96) até o ano 2006. Proponho que os sistemas estaduais de ensino criem, em sua estrutura organizacional, um órgão tipo Coordenação Geral de Centros de Formação Inicial e Continuada de Professores (CEFIC), para formar professores em nível médio (Curso Normal), com a finalidade de:

- formular a política de formação de professores para o Estado;
- coordenar os CEFIC (antigos cursos de Habilitação ao Magistério em nível de 2º grau), dentro de uma concepção de gestão descentralizada;

- negociar com as faculdades de educação e cursos de licenciatura ações comuns, a partir da política de formação de professores;
- formular linhas de atendimento de formação continuada de professores da rede pública de ensino, trazendo-os para os Centros;
- implantar um Serviço de Apoio à formação continuada em cada Delegacia de ensino.

Esses Centros de Formação Inicial e Continuada teriam como finalidades a formação de professores para atuarem na educação infantil, nas classes de 1ª a 4ª séries,[7] com jovens e adultos e na educação especial, em nível médio. Teriam, também, como incumbência receber professores das escolas públicas de ensino fundamental para cursos, palestras, oficinas, dentro da linha de interagir momentos de formação e trabalho. Onde houvesse possibilidade, os Centros manteriam entendimentos com universidades, centros universitários ou faculdades para a realização de trabalho integrado, tendo em vista uma política comum sobre estágios e o incentivo à investigação educacional, especialmente de temas relacionados à prática docente e à resolução de problemas educativos da região.

---

7. A Lei n. 11.274/06 alterou o art. 32 da LDB, fixando o ensino fundamental obrigatório em nove anos, gratuito na escola pública, iniciando-se aos 6 (seis) anos de idade. Além disso, a Emenda Constitucional n. 53 alterou o texto constitucional, determinando que a educação infantil será oferecida "em creche e pré-escola, às crianças até (cinco) anos de idade. De modo, a denominação "classes de 1ª à 4ª séries" é modificada para "classes do 1º ao 5º anos".

A organização pedagógica e a curricular dos Centros teriam como diretriz a ligação com a construção e reconstrução da prática docente real, fazendo circular em sua órbita as escolas públicas e particulares, *de modo a associar práticas formativas (inicial e continuada) e os contextos reais de trabalho.*

Os Centros também priorizariam em suas metas o desenvolvimento pessoal e profissional dos professores (por meio de atividades formais e não formais), o desenvolvimento organizacional (construindo um sistema de gestão e organização voltado para a participação nas decisões e construção coletiva de práticas docentes) e desenvolvimento comunitário (fazendo incidir na comunidade os efeitos das ações encetadas na escola). Para isso, cada Centro elaboraria seu projeto pedagógico, com participação dos especialistas e professores.

Cada Centro teria um ou mais coordenadores pedagógicos com habilitação específica, e tanto o Centro como as escolas teriam obrigatoriamente um período semanal (4 h) para atividades de estudo e reflexão dos professores sobre suas práticas.

Nas Delegacias regionais de ensino, em cada Estado, seria instalado um Setor de Apoio à Formação Continuada, para ações intermunicipais, com função de assegurar aos Centros recursos materiais de apoio (biblioteca, centro de documentação, jornais, fitas de vídeo, oficinas e ateliês, material de esportes e lazer, salas para vídeo, cinema, palestras, exposições, aparelhagens de som e imagem, computadores, rede Internet etc.).

Os Centros de Formação Inicial e Continuada seriam gradativamente transformados em Instituto Superior de Educação, na forma sugerida a seguir.

A *formação dos profissionais da educação em nível superior* para a educação básica seria realizada em Institutos Superiores de Educação, vinculados às Universidades. Os ISE desenvolveriam serviços de ensino, pesquisa e extensão, abrangendo as seguintes atividades:

a) Curso de graduação em Pedagogia para formar especialistas.

b) Curso de licenciatura para formar professores para atuarem na educação infantil, nas classes de 1ª a 4ª séries, com jovens e adultos e na educação especial.

c) Curso de licenciatura para formar professores de 5ª a 8ª séries, ensino médio e educação profissional, nas diferentes áreas do conhecimento.

d) Centro de Apoio à Formação Continuada (art. 63, III, da LDB).

e) Programa Especial de Formação Pedagógica (art. 63, II, da LDB).

f) Centro de Pós-graduação (inclusive metodologia do ensino superior, obrigatória para todos os docentes de ensino superior da instituição que não tiverem titulação *stricto sensu*).

O *curso de pedagogia* teria como objetivo a formação de especialistas em educação, abrangendo várias áreas de atuação profissional: coordenação pedagógica de escolas, direção de escolas, planejamento e avaliação educacional, informática educativa, comunicação e produção de materiais didáticos, pesquisa, produção de mídias e outros materiais didáticos (pedagogia da imagem), pedagogia empresarial, psicopedagogia, orientação educacional, animação cultural. Esse curso estaria centrado na ideia do pedagogo como um prático-teórico da ação educativa e da pedagogia como ciência de prática educativa (cf. Pimenta, 1997; Libâneo, 1998).

Os *cursos de licenciatura* corresponderiam aos cursos mencionados acima nos itens *b*, *c*, *e*. Quanto à formação de professores de 5ª a 8ª séries, ensino médio e ensino profissionalizante, eles seriam ministrados nos ISE em concomitância ou no final da formação teórico-científica das áreas específicas oferecida nos institutos básicos. Neste último caso, o ingresso no ISE dar-se-ia após o aluno ter cursado em três anos as disciplinas básicas do curso de bacharelado.

Seria de especial relevância a criação no ISE do Centro de Apoio à Formação Continuada de Professores, com as funções já mencionadas de oferecer aos professores da rede pública de ensino e às escolas-campo de estágios, cursos e recursos materiais de apoio à docência: biblioteca, centro de documentação, jornais, fitas de vídeo, oficinas e ateliês, material de esportes e lazer, salas para vídeo, cinema, palestras, exposições, aparelhagens de som e imagem, computadores, rede Internet etc.

Além do repensar o sistema de formação inicial e continuada, o esforço na profissionalização do professorado implicaria um vigoroso programa de aplicações financeiras dos governos em formação continuada, especialmente visando um Programa Nacional de Requalificação Profissional de Professores, tal como já se fez no México e pretende-se fazer na Argentina. Em função disso, um Acordo Nacional mediante pactos com diversos tipos de parceiros e entidades científicas e sindicais, incorporando a sociedade civil, poderia resultar num Plano Nacional de Formação e Incentivos Profissionais aos Professores.

Referências bibliográficas

AMIGUINHO, Abílio; CANÁRIO, Rui (orgs.). *Escolas e mudança*: O papel dos Centros de Formação. Lisboa: Educa, 1994.

ASSMANN, Hugo. Pedagogia da qualidade em debate. *Impulso*. Revista de Ciências Sociais da Unime. Piracicaba, (16): 8-42, 1994.

______. Sobre a qualidade cognitiva das experiências de aprendizagem. *XVII Simpósio Brasileiro de Administração da Educação*. Brasília, nov. 1995.

BOTTANI, Norberto. *Professoressa, adio*. Bologna: Società Editrice Il Molino, 1994.

CONTRERAS DOMINGO, José. *Enseñanza, curriculum y profesorado* — Introducción crítica a la Didáctica. Madrid: Akal, 1990.

COSTA, Márcio da. Crise do Estado e crise da educação: influência neoliberal e reforma educacional. *Educação & Sociedade*. Campinas, (49): 501-523, dez. 1994.

EDUCAÇÃO continuada. *Cadernos Cedes*. Campinas, n. 36, 1995.

ESCUDERO, Juan M.; BOTIA, Bolívar. Inovação e formação centrada na escola. Uma perspectiva da realidade espanhola. In: AMIGUINHO, Abílio; CANÁRIO, Rui (orgs.). *Escolas e mudança*: O papel dos Centros de Formação. Lisboa: Educa, 1994.

ESCUDERO, Juan M. & GONZÁLES, Maria T. *Profesores y escuela. Hacia una reconversión de los centros y la función docente?* Madrid: Ediciones Pedagógicas, 1994.

FAZENDA, Ivani. *Práticas interdisciplinares na escola.* São Paulo: Cortez, 1991.

FRIGOTTO, Gaudêncio. *Educação e a crise do capitalismo real.* São Paulo: Cortez, 1995.

FUSARI, José C. *A educação do educador em serviço* — O treinamento de professores em questão. Dissertação de mestrado. São Paulo: PUC, 1988.

GUIMARÃES, Valter S. *A capacitação docente em serviço*: intenções e resultados. Dissertação de mestrado. Goiânia: Faculdade de Educação da UFG, 1992.

HERNÁNDEZ, Fernando; SANCHO, Juana M. *Para enseñar no basta con saber la asignatura.* Barcelona: Paidós, 1994.

LIBÂNEO, José C. *Pedagogia e pedagogos, para quê?* São Paulo: Cortez, 1998.

NISBET, John & SHUCKSMITH. *Estrategias de aprendizaje.* Madrid: Santillana, 1994.

NÓVOA, António. Formação de professores e profissão docente. In: NÓVOA, António (Coord.). *Os professores e sua formação.* Lisboa: Publicações Dom Quixote, 1992.

______. *Profissão: professor.* Porto: Porto Editora, 1995.

OCDE. *As escolas e a qualidade.* Rio Tinto: Edições Asa, 1992.

PAIVA, Vanilda. O novo paradigma do desenvolvimento: educação, cidadania e trabalho. *Educação & Sociedade*, Campinas, (45): 309-329, ago. 1993.

______; WARDE, Mirian J. Novo paradigma de desenvolvimento e centralidade do ensino básico. *Educação & Sociedade*, Campinas, (44): 11-42, abr. 1993.

PERRENOUD, Philippe. *Práticas pedagógicas, profissão docente e formação* — Perspectivas sociológicas. Lisboa: Publicações Dom Quixote, 1993.

PIMENTA, Selma G. A didática como mediação na construção da identidade do professor — Uma experiência de ensino e pesquisa na licenciatura. In: ANDRÉ, Marli E. D. A.; OLIVEIRA, Maria Rita N. S. (Orgs.). *Alternativas do ensino de Didática*. Campinas: Papirus, 1997.

SANTOS, Maria Eduarda V. M. dos. *Área escola/Escola* — Desafios interdisciplinares. Lisboa: Livros Horizonte, 1994.

TAPIA, Jesus A. Enseñar a pensar? Sí, pero cómo? *Cuadernos de Pedagogía*, Barcelona, (161): 52-54, 1989.

TOURAINE, Alain. *Carta aos socialistas*. Lisboa: Terramar, 1996.

VIEIRA, Flávia. *Supervisão* — Uma prática reflexiva de formação de professores. Rio Tinto: Edições Asa, 1993.

ZEICHNER, Kenneth M. *A formação reflexiva de professores*: ideias e práticas. Lisboa: Educa, 1993.

ZEMELMAN, Hugo. El actual momento histórico y sus desafíos. *Cadernos Anped*. (16ª Reunião Anual da Anped), Belo Horizonte, (6): 7-28, out. 1994.